名师名校名校长

凝聚名师共识
回应名师关怀
打造名师品牌
培育名师群体

程明遠题

名师名校名校长书系

初中体悟式主题班会课

刘永志　苏雪芬　陈永健 / **编著**

民主与建设出版社

·北京·

图书在版编目（CIP）数据

初中体悟式主题班会课 / 刘永志，苏雪芬，陈永健

编著.— 北京：民主与建设出版社，2019.8

ISBN 978-7-5139-2572-3

Ⅰ.①初… Ⅱ.①刘…②苏…③陈… Ⅲ.①班会—

初中—教学参考资料 Ⅳ.①G635.5

中国版本图书馆CIP数据核字（2019）第160069号

初中体悟式主题班会课
CHUZHONG TIWUSHI ZHUTI BANHUIKE

出 版 人	李声笑
编　　著	刘永志　苏雪芬　陈永健
责任编辑	刘　芳
封面设计	姜　龙
出版发行	民主与建设出版社有限责任公司
电　　话	（010）59417747　59419778
社　　址	北京市海淀区西三环中路10号望海楼E座7层
邮　　编	100142
印　　刷	北京虎彩文化传播有限公司
版　　次	2022年6月第1版
印　　次	2022年6月第1次印刷
开　　本	710毫米×1000毫米　　1/16
印　　张	8
字　　数	144千字
书　　号	ISBN 978-7-5139-2572-3
定　　价	45.00元

注：如有印、装质量问题，请与出版社联系。

　　《中小学德育工作指南》指出，要充分发挥课堂教学的主渠道作用，将中小学德育内容细化落实到各学科课程的教学目标中，融入渗透到教育教学全过程。班会课是学校教育中的一门课程，是班主任向学生进行思想品德教育的一种有效形式和重要阵地，也是落实立德树人的有效途径。

　　着眼于整个时代的需求和发展以及学生当前与未来发展需要的高度，根据学生所处年级的年龄特征及身心发展规律，把大主题与小切口结合起来，系统规划、设计并实施各阶段班会课，可以帮助学生度过成长困惑期，引导学生成为一个身心健康、遵纪守法、诚实守信、积极向上的人。经过不断努力和实践，我们逐渐探索出体悟式主题班会课的设计模式。体悟式主题班会课由情境融入—体验认识—感悟升华—内化促行四大部分组成。班会课以活动贯穿融入、体验、感悟和促行的过程，注重活动体验在扩大学生道德认识，丰富道德情感方面的作用，注重学生在活动过程中的感悟，注重情感、态度、价值观的转变，强调学生行为的转变与强化以及品质的培养。

　　活动的引入：加强学生的体验认识，激发学生的主体意识。学生在活动中体验，在活动中学习，在活动中理解，在理解中反思、顿悟。活动体验激发学生寻找解决办法的欲望和需求，提高积极性，促进学生主体性的发展。看视频、讲故事、玩游戏、演小品、做演讲和案例分析等均是常用的活动形式。活动注重主题意识，紧紧围绕主题选择活动、选用资源。这样，各个环节的活动才能紧扣主题，为主题服务。同时，活动设计考虑层次，遵循由远及近，由整体到个体，由外到内，由表及里的原则，层层深入。

　　活动的引入：增进学生的感悟升华，促进学生的内化促行。用聊天、讨论、漫画、演讲、小品和手抄报等活动形式记录体验和感受，交流心得，分享体会，展示所得，在互动中掌握必要的技巧、技能，提高自我认识水平，升华思想，巩固教育效果。同时，设计活动要求学生联系自身行为，反思不足，寻找差距，纠正偏差，矫正误解，弥补缺失，制定具体的落实方案，结合反思总结、小组评价、家长反馈等形式转变观念，引导转变行为，提升学习、生活的品质。

本书共设计了33节班会课，其中初中一年级有12节课，初中二年级有12节课，初中三年级有9节课。每一个设计均由活动背景、活动目标、活动对象、活动形式、活动准备、活动过程和附7个部分组成。其中，活动背景分析了主题设计的缘由，活动目标分别从知识与技能、过程与方法和情感态度与价值观三个维度对班会课所要达到的目标进行描述，活动过程由活动环节、教师活动、学生活动和设计意图组成，附部分则是罗列活动过程中的一些必要素材。

体悟式主题班会课在模式研讨构建过程中，得到了广州市番禺区大石中学徐高岭主任的热心帮助和耐心指导，在此表示衷心感谢。大石中学的汤丽华老师、李晓敏老师、蔡秀娜老师和陈顺英老师以及广东省中小学名班主任工作室部分老师也为个别班会课设计提供了初步设计、素材和修改意见，在此一并表示感谢！

刘永志

广东省中小学名班主任工作室主持人

目录

下 篇　初中三年级

上 篇

初中一年级

年级特点分析

童心未泯、紧张好奇、期待关注的初一年级。

初一年级学生从小学六年级升入初中，他们对于身边发生的一切事情都觉得很新奇，一切都觉得很好玩，也开始注意自己的形象，期待他人的关注，对自己的三年初中学习和生活充满期望，但同时又有对新环境的担心，对学习的不适应以及对与新同学和老师相处的忧虑。

班会课设计

我们要帮助学生尽快了解、熟悉初中的各种要求，帮助他们尽快融入班集体，培养他们正确的学习观念，改善他们的学习方法，发展他们的学习能力，并引导学生掌握人际交往基本原则和技巧，学会与同学、家长和老师进行有效的沟通。初一年级的班会课设计主题确定为学习、生活习惯养成教育和人际交往教育。

主动适应，快乐融入

【活动背景】

刚从小学升入初中的一年级的新生，看到不熟悉的校园、老师和同学，在感到新鲜好奇的同时，会产生不适应的心理。面对新的集体、新的老师、新的同学，部分学生会出现紧张、烦躁不安、拘束的心理。同时，学科的增加、学习要求的提高，会使许多同学感到不适应，会产生焦虑、苦闷等现象。班主任老师要及时引导学生了解初中学习、生活要求，帮助他们尽快适应初中生活，为整个初中阶段打好基础。

【活动目标】

1. 知识与技能

通过活动帮助学生熟悉校园环境，了解对比初中与小学学习、生活要求的不同，提高自己适应初中生活、学习的能力。

2. 过程与方法

让学生在小组合作中增加对校园和同学的了解，在分享故事心得中提升感受适应能力的重要性，在为班级目标出谋划策中提升探究力。

3. 情感态度与价值观

引导学生积极主动接纳、融入集体生活，产生积极的情感体验，感受温暖的集体氛围，初步培养学生的集体荣誉感和归属感，培养乐观的生活态度。

【活动对象】

初一年级学生。

【活动形式】

小组讨论、现场示范、感悟分享。

【活动准备】

布置学生制作校园分布简图，布置学生上网寻找植物适应环境的例子。

【活动过程】

活动环节	教师活动	学生活动	设计意图
情境融入 （了解环境）	1.教师展示校园照片。 2.请个别学生谈谈自己对初中生活的感受。	1.请各小组展示课前制作的校园简图。 2.学生谈谈自己对学校、老师以及同学的印象。	帮助学生熟悉校园环境。
体验认识 （认识环境）	1.活动：找不同。 2.组织学生分组讨论在初中生活、学习遇到的问题。 3.引导学生总结初中生活、学习给自己带来的不适应。	1.学生用表格对比中小学生活、学习的不同。 2.全体学生找出初中生活、学习的关键词。 3.了解初中学习、生活具体的要求。	通过"找不同"活动，帮助学生对比分析中小学生活、学习的不同之处。
感悟升华 （接纳环境）	1.邀请初二学生介绍初一生活、学习情况。 2.告诉学生适应能力的重要性。 3.故事分享：张信哲的故事。	1.学生就自己遇到的问题现场提问初二学生。 2.学生展示自己收集到的植物适应环境的例子。 3.学生分享听故事后的感受。	认识适应环境的重要性。
内化促行 （融入环境）	1.指导学生制作"我需要你的激励"卡。 2.引导小组讨论班级发展规划，确定班级发展目标，明确自己要承担的职责和任务，准备竞选班级中的各个职位。	1.学生制作好激励卡，在班级内找到三个同学为自己写上激励的话语，邀请两位科任教师为自己写寄语。 2.学生讨论班级发展规划，讨论自己想担任的班级职位。	互相激励，积极参与班级事务，主动融入班级生活。

1."找不同"活动

内容	学习	生活
小学		
初中		

2.小故事

台湾著名的歌星，被誉为"情歌王子"的张信哲，刚出道时并没有时下这般光鲜耀眼。那时候，他虽然加盟了一家音乐公司，实际干的却是杂工的活儿：给每一位工作人员送盒饭，忙不迭地一趟趟为别人买急需的东西，每天总是干些零七八碎的事情，他渐渐感到离自己的音乐梦想越来越遥远，情绪也一天比一天低落。

终于有一天，情绪低落到极点的他逃回家里，在父亲面前失声痛哭。

"孩子啊，人要学会让自己沸腾。"父亲没有过多地劝慰，而是给他讲了一个故事：铁匠的女儿因生活不如意想自杀，她父亲知道后，并没有劝说女儿，只是把一块烧得通红的铁块放在铁砧上狠狠地锤了几下，然后随手丢入身边的冷水中。"哧"的一声，水沸腾了，一缕缕白烟向空中飘散……女孩的父亲对她说："你看，水是冷的，铁却是热的。热铁遇到冷水，两边就展开了较量——水想使铁冷却，铁却想使水沸腾。现实也是如此，生活好比冷水，你就是热铁，如果你不想冷却，就要让水沸腾。"

父亲的话让张信哲心头一震，他失落的心又充满了奋斗的勇气：他要让自己沸腾！几年后，他终于在歌坛打出了自己的一片天地。

3.植物适应环境的例子

根：红树为了适应海边多水的环境，长出了气根，令根部接触到更多空气不被淹死，众多的根系防止了海水的冲击。

茎：含羞草为适应多雨环境，茎叶可卷曲，以防在暴雨或冰雹天气中受伤。

叶：落叶植物适应冬、秋季节，在秋季就脱光树叶，以防冬季过多的蒸腾作用。

果：豆科植物中的大豆，为了适应无风等不利于传播种子的条件，大豆夹在成熟后干扁弯曲，能将荚中种子远远弹射出去，有利于其种子传播。

好习惯赢未来

【活动背景】

养成教育是初一年级的重要内容之一。培养学生良好的行为习惯对于学生的品德涵养有着重大的促进作用。初一学生处于思想意识与行为习惯形成期，班主任要组织活动引导学生有意识地、自觉地形成良好行为习惯。习惯培养要联系学生实际，从学生自身出发，让学生正确认识自身存在的不良习惯，了解不良生活、学习习惯对于自己成长的影响，结合集体教育与个别教育，让学生自主感悟好习惯对于人生的重要性，并能在老师和同学的帮助以及监督下自觉行动，努力改正自身的不良习惯，养成好习惯，实现自我教育。

【活动目标】

1. 知识与技能

帮助学生了解认识习惯对于人的发展的重要性，明确改正不良习惯的必要性，掌握克服不良习惯的方法，逐渐培养好习惯。

2. 过程与方法

通过游戏等活动帮助学生正视自身存在的不良习惯，在合作中寻找培养好习惯的方法。

3. 情感态度与价值观

感悟好习惯对人生的巨大影响，提高自觉培养良好习惯的信心，增强自我发展的意识。

【活动对象】

初一年级学生。

【活动形式】

小游戏、故事分享、互动交流。

【活动准备】

问卷调查学生的行为学习习惯；评选出有学习好习惯的学生；收集有关习惯的谚语和名言；设计不良习惯治疗卡。

【活动过程】

活动环节	教师活动	学生活动	设计意图
情境融入（习惯无处不在）	1.暖场游戏：手指交叉握拳。 2.分享心得：好习惯和坏习惯。	1.游戏：第一步，学生按照自己平常的习惯交叉手指握拳。第二步，变换手指的上下位置再次握拳。 2.谈谈变化之后的感受。	让学生意识到习惯无处不在，并会在不知不觉中影响我们。
体验认识（习惯的力量）	1.习惯的概念、习惯的名言。 2.故事分享：习惯的力量。 3.游戏：听指令找课本。	1.各小组展示收集的习惯谚语和名人名言。 2.聆听故事，分享感受。 3.学生在10秒钟内找到自己的某科课本。	了解习惯的力量，检测自己整理收拾抽屉和书本资料的习惯。
感悟升华（习惯好榜样）	1."1+1"活动：一个好习惯与一个不良习惯。 2.展示问卷调查结果。 3.学习好榜样：表扬获评"学习好习惯"的学生。	1."1+1"活动：畅谈一个好习惯和一个不良习惯所带来的不同影响。 2.了解班级学习习惯总体情况。 3.聆听优秀学生讲学习习惯。	发挥榜样的激励作用，相互撷取优秀学习方法的果实。
内化促行（好习惯赢未来）	1.智慧漂流：师生共同总结克服不良习惯的方法。 2.课后延伸：组织学生填写《不良习惯治疗卡》。	1.小组内在"智慧漂流"卡上填写自己的不良习惯，提出克服不良习惯的方法。 2.课后填写《不良习惯治疗卡》，邀请同伴、老师和家长监督自己。	提出克服不良习惯的方法；强化训练，互相监督，评价促行。

1. 习惯的概念

习惯是积久养成的生活方式。学习习惯是学生在长期的学习过程中通过反复练习逐步养成的相对稳定、自动化的学习行为倾向和方式。良好的学习习惯有利于提高学习效率；良好的学习习惯有助于巩固和发展学习能力，形成终身学习的能力。

2. 相关名言

总以某种固定方式行事，人便能养成习惯。（亚里士多德）

坏习惯是在不知不觉中形成的。（奥维德）

习惯是在习惯中养成的。（普劳图斯）

任何事物都不及习惯那么神通广大。（奥维德）

3. 故事分享

习惯的力量

在印度和泰国随处可见这样荒谬的场景：一根小小的柱子，一截细细的链子，拴得住一头千斤重的大象。那些驯象人，在大象还是小象的时候，就用一条铁链将它绑在水泥柱或钢柱上，无论小象怎么挣扎都无法挣脱。小象渐渐地习惯了不挣扎，直到长成了大象，可以轻而易举地挣脱链子时，也不挣扎。小象是被链子绑住，而大象则是被习惯绑住。可见，所谓的习惯是指长期重复地做并逐渐养成的不自觉的活动。习惯的力量很大。

国内外教学研究统计资料表明，对于绝大多数学生来说，学习的好坏，20%与智力因素相关，80%与非智力因素相关。而在信心、意志、习惯、兴趣、性格等主要非智力因素中，习惯又占有重要位置。

4. 智慧漂流

第_____组	内容
我最想改正的不良习惯	
智慧锦囊	1. 2. 3. 4. …

5. 不良习惯治疗卡

不良习惯治疗卡

我的名字：_____

不良习惯：_____

改进措施：_____

我邀请_____做我的监督人，提醒、监督我。

改进效果：_____

监督人签名：_____

我的学习，我做主

【活动背景】

进入初一年级，由于学习要求的提高，学习内容增多，学习科目增加，部分学生跟不上班级学习步伐，还有部分学生出现学习态度不端正，学习目标不明确的现象，上课走神、分心，导致学习成绩不理想，甚至严重下滑的现象。班主任老师需要及时了解班级情况，针对问题设计班会课，及时引导同学们端正态度，认识到当下的学习和生活状况影响自己未来的生活，需要确定学习目标，纠正不良习惯，为实现未来目标，现在就必须做出应有的改变和努力，勤奋学习，迎头赶上！

【活动目标】

1. 知识与技能

通过活动帮助学生了解和明白自己才是学习的主体，了解学习态度的重要性以及学习的基本技能，提高学习能力。

2. 过程与方法

通过活动帮助学生掌握分析问题的方法，引导学生在合作中提升学习的动力。

3. 情感态度与价值观

通过活动帮助学生珍惜时间，引导学生培养乐于学习、勤于学习、善于学习的良好学习品质，形成良好的学习习惯。

【活动对象】

初一年级学生。

【活动形式】

小调查、讨论、分享。

【活动准备】

安排学生了解人的一生的时间安排、收集名人故事、安排学习优秀生介绍自己的学习感受、收集年度科技成果。

【活动过程】

活动环节	教师活动	学生活动	设计意图
情境融入（学习，谁做主）	1.算一算：人的一生时间安排。 2.小调查：谁最关心我的学习，谁在控制我的学习。 3.选择：我的学习，谁做主？	1.学生展示人的一生活动安排时间长度。 2.学生选择关心和控制学习的选项（自己、父母亲、老师、朋友）。 3.小组讨论：我的学习，谁做主？分享自己的感受。	了解人一生的时间安排，认识自身存在的不足，营造氛围，增加趣味性，吸引注意力。
体验认识（学习，很重要）	1.小测：勤奋比天才更重要。 2.小辩论："学"与"不学" 3.名人故事。	1.选择三位名人的珍惜时间的故事。 2.学生自愿分成两大组，辨析"学"与"不学"的结果。 3.学生代表讲述自己收集到的名人珍惜时间故事。	了解名人重视时间的案例，辨析学习的重要性。
感悟升华（学习，有价值）	1.学习的力量：用年度科技成果展示学习带来的价值。 2.榜样的力量：学习优秀生分享学习感受。 3.学习的要求：惜时、慎思、乐学、善问。	1.学生了解本年度科技成果，进一步认识学习的价值所在。 2.学习优秀生分享自己学习中的趣事。 3.小组交流，各组派代表发言，结合自己的实际情况畅谈对四个关键词的理解。	由远到近，感受学习的价值所在，掌握基本的学习要求。

续 表

活动环节	教师活动	学生活动	设计意图
内化促行（学习，我做主）	1.归纳总结：小组讨论组员的学习状态、态度等。 2.计划实施：我的学习，我做主。	1.小组内互相了解学习状态和态度以及对学习的理解，指出日常学习中存在的不足。 2.明确学习意义，制订行动计划，邀请同学监督执行，阶段汇报学习情况。	知不足，定方案，促行动。

1. 算一算：人一生的时间

站着：30年；睡着：23年；坐着：17年；走着：16年；吃着：6年；看电视：6年；阅读：250天。

2. 小测试：勤奋比天才重要

（1）丘吉尔在第二次世界大战时一天工作_____小时？

    A. 11   B. 13   C. 16   D. 17

（2）周恩来总理每天只有_____小时睡眠时间。

    A. 4   B. 5   C.6   D. 7

（3）英国首相撒切尔夫人每天睡眠不超过_____小时。

    A. 4   B. 5   C. 6   D. 7

3. 小故事

寂寞的求学时光

周恩来12岁那年，大伯父周贻庚托堂伯周贻谦把他带到了沈阳，进了沈阳的东关模范学校，一学就是3年。在东关模范学校的3年里，周恩来勤奋刻苦，博览群书，学到了很多知识。他上课专心听讲，遵守纪律，课后认真按时完成作业，进步很快，各门功课成绩都不错，特别是作文、书法和英文，每学期他都名列第一。周恩来先后阅读了陈天华的《猛回头》《警世钟》和邹容的《革命军》等著作。他还在课外读了诸如《离骚》《史记》《汉书》等历史文学著作，他特别喜欢《岳阳楼记》中的一句"先天下之忧而忧，后天下之乐而乐"。

4. 学习的要求

惜时：语出陶渊明的"盛年不再来，一日难再晨，用时宜自勉，岁月不待人"一诗。

慎思：谨慎思考，语出《中庸》"博学之，审问之，慎思之，笃行之"。

乐学：快乐的学习，语出孔子"知之者不如好之者，好之者不如乐之者"，愿意学、喜欢学，这就是兴趣。

善问：善于询问，语出《学记》"善问者如攻坚木，先其易者，后其节目"。

其整体含义是：学生要珍惜时间，分分秒秒都用在学习上，谨慎严密地思考问题，培养自己的学习兴趣，遇到不懂的问题及时向他人和书本求教，从而不断丰富自己的知识。

5. 计划实施

	我的学习，我做主
学习上的不足	
学习上的改进	
学习汇报	
监督人	

破解记忆的密码

【活动背景】

初中一年级是学生记忆发展的关键期。这时，若能培养学生良好的记忆习惯和方法，不仅能够加快他们适应初中学习生活的进程，而且也为他们今后的学习做好了铺垫。世界脑力锦标赛创始人托尼·伯赞在多年对大脑开发研究中发现：记忆力好除了天赋之外，还可以通过后天的训练来培养和提高，关键是掌握科学的记忆方法。记忆与复习密不可分，90%的复习要依靠记忆。了解记忆的过程，而后学习记忆的规律，从而找到复习的方法，这是一个连贯的过程。班主任要设计班会课，通过生动、形象的方式帮助学生了解记忆的规律并掌握一些记忆的方法，使学生快乐记忆，轻松学习。

【活动目标】

1. 知识与技能

通过活动帮助学生了解认识记忆的规律，掌握一些简单实用的记忆方法，提高记忆的兴趣和能力。

2. 过程与方法

通过观察、归纳，掌握并运用学到的记忆方法练习记忆。

3. 情感态度与价值观

初步体验巧记的乐趣，提高学习的效率；培养善于观察、乐于记忆的良好的学习习惯。

【活动对象】

初一年级学生。

【活动形式】

记忆训练游戏、讨论、感悟分享。

【活动准备】

每个小组收集一组记忆训练材料，收集视频、图表，准备笔和白纸。

【活动过程】

活动环节	教师活动	学生活动	设计意图
情境融入（记忆比拼）	1.试一试：邀请学生记住一组数字和一组词语。 2.说一说：你是如何记住这些材料的？有哪些好方法？	1.进行一分钟记忆游戏，比一比速度和准确性。 2.分享自己的记忆方法。	以比拼的游戏形式导入主题，激发学生的学习热情。
体验认知（记忆高手）	1.记忆大师：播放《世界记忆大师郑才千》视频。 2.记忆规律：出示记忆规律图、遗忘曲线。	1.观看视频，小组讨论：郑才千的高效记忆秘籍是什么？ 2.根据老师出示的图表进行分析和讨论，探究记忆的规律。	引导学生自主探究、了解记忆的规律。
感悟升华（记忆密码）	1.比一比：进行记忆体验，对比不同的记忆方式。 2.记忆方法：邀请各小组根据自己的记忆方式归纳常用的记忆法。	1.每小组依次展示材料，其他各组同学体验记忆训练。 2.归纳常用的记忆法：联想法、理解法、精选法等。	体验、发现并归纳不同的记忆方法。
内化促行（巧记我能行）	1.学科记忆：分组归纳总结各学科的记忆方法。 2.制作手抄报：各组根据学科记忆方法，制作手抄报，在班级展示。	1.小组成员根据自己的学习体会，整理归纳各学科的记忆方法，组长分享学科记忆方法。 2.各组课后查阅资料，补充各学科记忆方法，制作手抄报，班级张贴展示。	学以致用，将所掌握的记忆法运用到学习中，增添学习的乐趣，提高学习的效率。

1. 记忆材料

请在一分钟内记下下面数字和词语：

18	64	93	77	14
19	36	48	52	49
57	86	24	73	21
大风	电视	老鼠	石头	酸奶
F4	穷人	小说	画布	奔跑

2. 记忆方法

记忆方法是指记住或回想，让过去的事物留在脑海里的方法。对学习过的事物在脑中保留一定时间，再认、回忆和对记忆的信息提取的形式，有明确的目的或任务、凭借意志努力记忆某种材料的方法。

有意记忆法：有明确的目的或任务、凭借意志努力记忆某种材料的方法。

理解记忆法：在积极思考、达到深刻理解的基础上记忆材料的方法。

联想记忆法：利用联想来增强记忆效果的方法。包括近联想法、相似联想法、对比联想法。

多通道记忆法：有视觉、听觉、动觉、触觉等多种感知觉参与的记忆。

精选记忆法：对记忆材料加以选择和取舍，从而决定重点记哪些，略记哪些的记忆方法。

无规矩，不成方圆

【活动背景】

孟子说过"不以规矩，不成方圆。"规则是指规定出来供大家共同遵守的制度或章程。有了规则，我们的社会才能更有序、更安全、更快乐。初中的学生规则意识、自我意识逐渐强烈，对规则也已经有自己的初步理解，但仍需要加强规则意识的内化，引导他们从对自己表面行为的认识、评价逐渐转向对自己内部品质的更深入的评价，更好地监督、调节、规范自己的行为。班主任要设计班会课，通过体验活动让规则走进学生的心灵，让学生从故事中深入思考遵守规则的重要意义，从而提高规则意识，最后能在日常学习生活中维护规则，遵守规则，增强规范自身行为、分辨是非的意识和能力。

【活动目标】

1. 知识与技能

感知规则，了解规则，认识到遵守规则的重要意义，树立良好的规则意识，提高规范自身行为的能力。

2. 过程与方法

通过体验活动明晰规则对自身以及他人、集体的必要性，通过讲述生活中的事例感知规则对于生活的重要性。

3. 情感态度与价值观

感受遵守规则带来的安全感和愉悦感，培养尊重规则的意识，养成自觉遵守规则的习惯。

【活动对象】

初一年级学生。

【活动形式】

小游戏、故事、感悟分享。

【活动准备】

收集故事、游戏场地布置、小组收集生活中的与规则有关的事例。

【活动过程】

活动环节	教师活动	学生活动	设计意图
情境融入（感知规则）	1.小游戏：人版斗兽棋。公布游戏规则，确保每个参加游戏的学生都清楚具体要求。要求没有参加游戏的学生仔细观察。 2.问题：为什么我们玩的时候会发生"混乱"？怎样才能又快又齐？	1.学生了解游戏的规则，自愿参与游戏活动，进行两个回合的游戏。 2.参加游戏的学生分享活动感悟。 3.观看游戏的学生讲述自己观察到的现象。	感受遵守规则的愉悦感，让学生明白到：规则需要达成共识，共同遵守。
体验认识（了解规则）	1.小故事：车站理发店的故事。提出问题，邀请学生根据自己的理解思考两个问题并讲述自己的观点。 2.续讲故事，邀请小组讨论。	1.聆听故事并思考问题： （1）你们认为德国理发师的做法对吗？为什么？ （2）中国人的做法对吗？为什么？ 2.小组讨论前后两个故事，并发表见解。	通过故事引发学生思考遵守规矩的深远意义。
感悟升华（理解规则）	1.生活中的规则：邀请学生讲述生活中遇到的与规则有关事例。 2.情境判断：心口一致，持之以恒，贵在自觉。	1.学生讲述生活中遇到的与规则有关的事例。 2.学生根据情境思辨，小组讨论后提出解决方案。	加深对规则的理解，并懂得如何遵守规则。

续 表

活动环节	教师活动	学生活动	设计意图
内化促行（落实规则）	1.写一写：邀请学生自我反思，罗列班级存在的不遵守规则的现象并给出合理改进意见。 2."守纪之星"评比活动。	1.各小组分别就班级的课堂表现、课间纪律、作业问题、卫生值日等分组讨论，制定合理可行的规则。 2.各小组讨论，制定方案，确定评选项目、标准等，开展"守记之星"评选活动。	学以致用，自我反思，活动延伸，实现自我教育，内化规则。

1. 游戏：人版斗兽棋

令词为"猎人、狗熊、枪"，大家同时说令词，在说最后一个字的同时做出一个动作——猎人的动作是双手叉腰；狗熊的动作是双手搭在胸前；枪的动作是双手举起呈手枪状。双方以此动作判定输赢，猎人赢枪、枪赢狗熊、狗熊赢猎人，动作相同则重新开始。

回合一：小组对战

回合二：学生分成两大组对战

2. 小故事

车站理发店的故事

深夜，一位中国人走进德国某小镇的车站理发店。那理发师热情地接待了他，却不愿意为他理发。理由是，这里只能为手里有车票的旅客理发，这是规定。中国人委婉地提出建议，说反正现在店里也没有其他顾客，是不是可以来个例外？理发师更恭敬了，说虽然是夜里也没有别的人，我们也得遵守规则。无奈之中，中国人走到售票窗前，买了一张离这儿最近的车站的车票。当他拿着车票第二次走进理发室，理发师很遗憾地对他说，如果您只是为了理发才买这张车票的话，真的很抱歉，我还是不能为您服务。

车站理发店后续故事

当有人把深夜小站理发店的故事告诉给一群在德国留学的中国学生时，不少人就感慨万千，说太不可思议了，德国人真的太认真了，这样一个时时处处讲规则讲秩序的民族，永远都会是一个强大的民族。但有的就不以为然，说偶然的一件小事，决定不了这么大的性质，一个小镇的车站，一个近乎迂腐的人，如何能说明一个民族的性格呢？双方甚至还为此发生了争执，相持不下之际，就有人提出通过实践来检验孰是孰非。

于是，聪明的留学生们共同设计了一项试验。他们趁着夜色，来到闹市区的一个公用电话亭，在一左一右两部电话的旁边，分别贴上了"男士""女士"的标记，然后迅速离开。第二天上午，他们又相约来到那个电话亭。令他们惊奇的一幕出现了：标以"男士"的那一部电话前排起了长队，而标以"女士"的那一部电话前却空无一人。留学生们就走过去问那些平静等待的先生："既然那一部电话前没有人，为什么不到那边去打，何必等这么久呢？"被问的先生们无一不以坦然的口吻说："那边是专为女士准备的，我们只能在这边打，这是规则啊……"

留学生们不再争执了。

3. 情景

（1）小华同学对于我们要遵守的规则，说得总是头头是道——说得比唱得还好，而生活中却多次违规犯错，你们说他是懂规则吗？

（2）小军同学遵守规则是"三天打鱼，两天晒网"，心情好的时候按规则做事，心情不好的时候按自己的意愿做事，他这样的做法算是遵守规则吗？

（3）小刚同学在老师在班级时，表现很好。可是老师一走，他就随随便便，打打闹闹，主要问题出在哪？

合作共赢

【活动背景】

当今社会是一个"在合作中竞争，在竞争中合作"的年代，人们寻求更广泛的合作与支持的意识越来越强，互利共赢的观念已深入人心。"学会学习，学会创造，学会合作，学会生存"已成为21世纪教育的主题，合作是未来工作、社会适应乃至国力竞争的基础。对于中学生而言，一方面要树立竞争意识，发展竞争能力，勇敢面对激烈的竞争；另一方面更要有强烈的合作意识，有互利共赢的思想，主动与团队成员合作共事。班主任要设计班会课，通过活动帮助学生认识合作的重要性，逐步形成合作意识，发展合作能力，为当前的学习与综合发展做好铺垫，为将来在社会上取得较大的成就奠定坚实的基础。

【活动目标】

1. 知识与技能

认识合作的重要性，领悟团队精神是形成良好人际交往、塑造和谐班集体所必需的心理品质，掌握合作的技巧。

2. 过程与方法

尝试团队合作，采用体验游戏，分享活动感受，探讨合作的方法，形成合作竞争、共同发展的意识。

3. 情感态度与价值观

感受合作过程中的愉悦，增强合作的意识，培养团队精神，乐于与他人合作，建立良好的合作关系。

【活动对象】

初一年级学生。

【活动形式】

观看视频谈感悟、游戏体验与分享。

【活动准备】

大白纸若干张、大头笔每组一支、心形便利贴若干张、收集素材。

【活动过程】

活动环节	教师活动	学生活动	设计意图
情境融入（合作无处不在）	1.播放《南极大冒险》捉鸟精彩片段。 2.让学生对视频片段进行头脑风暴。	1.学生观看视频。 2.针对视频内容，讲述自己的观点。	学生了解合作的重要性。
体验认知（合作实现共赢）	1.分享故事：天堂与地狱。提问学生：从这个故事中，你得到什么启示？ 2.团队拼板：讲解活动规则，提醒学生活动时感知团队合作的价值。	1.聆听故事，并分享故事带来的启示。 2.学生全员参与小组活动——团队拼板，亲身体验合作。 3.分享活动感悟。	故事带给学生合作的启示，体验活动让学生探索合作的方式。
感悟升华（合作创造未来）	1.最佳团队：邀请各小组就"最佳合作团队"进行小组讨论，确定团队建设的要素。 2.组织小组成果展示。	1.小组讨论团队建设是关键要素，并确定团队发展目标，指出小组存在的不足，罗列改进策略，然后在一张大白纸上共同创作"我们的团队"。 2.小组成果展示。	反思自身不足，并明确努力实现合作的方向，增强合作意识。
内化促行（合作你我同行）	制作"合作意愿"卡：引导学生结合自己的实际，为成就更好的团队，写下自己可以为团队的发展做些什么。	结合自己的实际，学生在一张卡片上写下自己的"合作意愿"，并粘贴在刚才的"我们的团队"大白纸上，让大家一起见证。	"合作意愿"卡让学生联系实际，将感悟落实到行动，真正做到合作成就你我他。

1. 故事：《天堂与地狱》

有一个人问上帝，到底天堂和地狱是什么样子。于是上帝先带他去看地狱。他们来到一间房间，里面有一个长条形的桌子，桌上摆满了各种很香的食物，桌子上面坐满了人，每个人都面黄肌瘦，非常的饥饿，他们每人有一双很长很长的筷子，他们把夹起的菜尽力想喂到自己的嘴里，可是由于筷子太长，没有一个人能把菜喂到嘴里，所以这个房间里所有的人都是非常痛苦的样子，看着好吃的菜，却吃不到！于是这个人就给上帝说："太残忍了吧，那带我去天堂看看吧！"上帝说："好啊，其实天堂就在地狱的隔壁！"于是他们来到隔壁的房间，看到的是同样的长条桌子，同样很好吃的菜，同样的每人拿了一双不可能喂到自己嘴里的筷子，不同的是他们都非常开心！因为他们都把自己夹起的菜喂到了别人的嘴里，所以大家都吃到了美味，而且人与人之间也非常开心！

2. 活动：团队拼板

把24块拼板按不同的类别放进六个信封中，每个组员拿到一个信封，拼板游戏中每位组员单靠自己信封里的卡片是无法拼出一个正方形的，他们必须要交换卡片才可能完成，每个人拼自己的正方形有多种组合的可能，但小组要拼出六个正方形则只有唯一的拼法。小组的任务是拼成六个面积相等的正方形，每个人必须拼成其中的一个正方形。

活动规则：每组一个大信封，每人一个小信封；拆阅信封必须等老师的"开始"指令，而且首先要检查卡片是否齐全；活动中不准说话；组员间可以交换卡片，可主动把自己的卡片传给别人，但是不可以向别人索取。

1=？

【活动背景】

高尔基说过："只有用集体的力量才能够解释那直到现在还是不能超越的神话和史诗的深刻的美。"一个团结向上的集体聚集着不可估量的力量，显然会对每一个个体产生积极的影响。每一个学生的存在和聚集形成了一个不可分割的集体。学生经历了融入集体的过程，对集体有一定的认识，并形成一定的集体观念。但仍有部分学生出现迟到、值日拖拉、仪表不规范等违纪违规现象，没有认识到个人的不良行为对集体产生的负面影响。引导学生正确认识和处理集体与个人的关系显得尤为重要。班主任要设计班会课，通过活动增强学生的集体意识，明确集体和个人之间密不可分的关系，让学生感受到集体的力量，归纳出一个优秀集体的核心精神。通过探讨挑战任务，树立集体观念，学会团结协作，让后期的行动引领集体前进。

【活动目标】

1. 知识与技能

通过活动了解认识个人行为与集体之间的相互影响关系，学会融入集体，提高团结协作能力。

2. 过程与方法

通过游戏认识个人和集体的不同，通过参与挑战任务感受集体的温暖和力量。

3. 情感态度与价值观

提高个人在团队发展中发挥作用的信心，体验团队成功的喜悦感，增强集体意识，培养集体精神。

【活动对象】

初一年级学生。

【活动形式】

数字游戏、视频分享。

【活动准备】

剪辑视频、收集个人和集体相关的名言。

【活动过程】

活动环节	教师活动	学生活动	设计意图
情境融入（个人和集体）	1.数字游戏：站起来。 2.提问：屏幕显示数字8或15或1的时候，你想站起来吗？为什么？	1.学生听到相应数字后站起来，以达到老师要求的人数。 2.学生思考问题：1=？（个人在集体中起到什么作用？）。	游戏中初步感受个人和集体的关系。
体验认知（集体和个人）	1.视频欣赏：《超能陆战队》。 分享："集体的核心精神"是什么？ 2.思考：1=？（个人能为集体做些什么？） 3.明确集体与个人的关系。	1.观看视频，小组讨论：提炼一个集体的核心精神关键词。 2.学生回答问题：假如我生活在一个_____的集体，我会_____。我希望生活在一个_____的集体，因为我会_____。 3.学生分享收集到的集体和个人相关的名言。	认识到个人行为（正反两方面）对集体的影响。
感悟升华（集体精神）	1.重做数字游戏：站起来（给予学生一定策划商量的时间）。 2.讨论：1=？（1=集体的人数，集体的成功需要大家的无私合作、团结协作等。）	1.学生讨论对比两次游戏的不同感受。 2.各小组讨论主题：1=？，并写出集体成功的关键词语。	对比两次游戏的体会，感受集体力量，体验团结、协作、沟通和理解等要领。

活动环节	教师活动	学生活动	设计意图
内化促行（集体奋战）	1.挑战超级任务：鼓励学生接受其他班级的挑战。 2.完成计划书：建议班长带领全体学生制定班级发展计划书，迎接挑战。	1.学生明确超级任务的内容，发布接受挑战宣言。 2.各小组讨论完成计划书，班长汇总并张贴在课室。	借助竞争机制促进集体的团结合作。

集体和个人相关的名言：

1. 众志成城，众口铄金。——《国语·周语》

2. 人们在一起可以做出单独一个人所不能做出的事业；智慧、双手、力量结合在一起，几乎是万能的。——（美）韦伯斯特

3. 个性和集体融合起来，不会失去个性，相反，只有在集体中，个性才能得到高度的觉醒和完善。——（法）巴比塞

4. 谁若与集体脱离，谁的命运就要悲哀。——（苏联）奥斯特洛夫斯基

5. 个人之于社会等于身体的细胞，要一个人身体健全，不用说必须每个细胞都健全。——闻一多

6. 一滴水只有放进大海里才永远不会干涸，一个人只有当他把自己和集体事业融合在一起的时候，才能最有力量。——雷锋

7. 树立高度的集体主义思想，即国家利益和人民利益高于一切的思想。——陶铸

8. 单人是软弱无力的，就像漂泊的鲁滨孙一样，只有同别人在一起，他才能完成许多事业。——叔本华

9. 人不可能孤独地生活，他需要社会。——歌德

（本课设计者：李晓敏）

为你点赞

【活动背景】

美国著名心理学家威廉·詹姆斯说："人类本性上最深的企图之一是期望被赞美、钦佩、尊重。"赞美是美德，它会使人宽慰，它会使人快乐，它会使人感觉到美的存在。赞美不是虚伪，不是恭维，是发自内心的对他人的欣赏与鼓励。它不需要华丽的辞藻，也不需要复杂的表达。只要它发自你的肺腑，它就会打动人心，给别人带来莫大的惊喜，也让自己心情愉悦。赞美是人际交往的润滑剂，本课尝试利用真诚的赞美打开中学生交往过程中的屏障，用最简单的面对面交流方式、用自然而简洁的形式来唤起人与人之间最真诚的交流、赞美的共鸣。

【活动目标】

1. 知识与技能

了解认识赞美的意义以及其在人际交往中的积极作用，了解赞美的方式，掌握人际交往中的赞美技巧，提高交往能力。

2. 过程与方法

尝试最真诚的交流与赞美，分享活动感受，探讨赞美的技巧并加以运用。

3. 情感态度与价值观

体验赞美别人带来的愉悦，感受被赞美后的鼓舞、奋进，激发自己恰当地对他人表示赞美的动机，培养良好交往的品质。

【活动对象】

初一年级学生。

【活动形式】

小视频、活动体验、示范展示。

【活动准备】

收集生活中的点赞事例。

【活动过程】

活动环节	教师活动	学生活动	设计意图
情境融入（寻找点赞）	1.展示朋友圈、QQ空间中点赞的截图。 2.分享点赞：邀请学生展示自己点赞他人以及朋友点赞的事例。	看图片，分享自己的经历： 1.别人有为你点赞吗？ 2.你有为别人点赞的经历吗？ 3.你为什么点赞？	抛出学生感兴趣的话题，导入主题，引发学生对赞美之含义的思考。
体验认知（感受点赞）	1.讲述列夫·托尔斯泰的故事。邀请学生思考问题。 2.点赞的意义：邀请学生归纳总结点赞给他们带来的积极作用。	1.聆听故事，思考问题：点燃列夫·托尔斯泰创作的火焰，找回自信和人生目标的主要原因是什么？ 2.小组结合生活事例，讨论、归纳总结，分享点赞的积极意义。	通过故事以及生活事例，引导学生思考赞美的意义，总结点赞的方式方法。
感悟升华（学会点赞）	1.播放小视频《你比想象中更美丽》，让学生从中探索赞美的技巧。 2.他们需要我们的点赞：邀请学生用不同的方式方法点赞。	1.各小组观看小视频，讨论赞美的具体方式：手部动作、脸部表情、用词用语、声调语音等。 2.小组确定点赞的方式方法，现场演示情境。	视频感悟点赞的艺术。现场情境演示，感受赞美带来的愉悦感。
内化促行（传递点赞）	1."我最想赞美的人和事"活动：鼓励学生写出最想点赞的人和事。 2.我给你点赞：邀请所有学生点赞自己最想点赞的人。	1.学生写下"我最想赞美的人和事"，个别学生表达自己想点赞的原因。 2.全体学生开始"我为你点赞"活动，诚心点赞。	用实际的行动尝试最真诚的交流与赞美，传递赞美的魅力。

1. 故事：《"赞美"成就列夫·托尔斯泰》

1844年秋的一天早晨，著名作家赫尔岑到莫斯科的一个公园里跑步，他跑了一阵后来到一张石椅上休息。石椅上有一个纸团，旁边则蹲着一个十来岁的小男孩，他的手中握着一支已经套上盖子的钢笔。小男孩一言不发，眉头紧锁，看上去心情非常不好。

赫尔岑拆开了那个纸团，那是一篇文章，标题是《童年》。赫尔岑能感觉到，当他在阅读的时候，小男孩一直看着他的脸，赫尔岑读完后问小男孩说："这是你写的吗？""嗯……不，不是我写的。"小男孩一边说着一边悄悄地把钢笔放进了口袋里。

赫尔岑笑笑，他能看出来这文章一定是这个小男孩写的，只不过觉得文章不好，不好意思承认而已。事实上，哪怕对于一个10岁的孩子来说，这算不上是一篇好文章，但赫尔岑觉得有必要给他一些鼓励，于是就说："如果你遇见这个作者，你就告诉他，大作家赫尔岑说这是一篇非常不错的文章，他把小主人公伊尔倩耶夫那富有诗意的内心刻画得细致入微，这是一篇非常值得赞美的作品。"

"你说的是真的吗？这真是一篇值得赞美的好作品？你真的是大作家赫尔岑？"小男孩问。"当然，我说的是真的。"赫尔岑说完，站起来拍拍小男孩的肩膀就离开了。

赫尔岑没有猜错，这篇《童年》正是这个小男孩写的，他一直都爱好写作，可是一直都写不好。得到赫尔岑的赞美后，小男孩对写作更有信心了，他深信自己是一个天才，因为连大作家赫尔岑都赞美过他！没错，这个小男孩就是后来凭着《战争与和平》《安娜·卡列尼娜》《复活》等一系列经典作品而享誉世界的著名作家——列夫·托尔斯泰。

2. 情景

（1）小丽在学校艺术节表演中表现不佳，感觉自己没有发挥水平，闷闷不乐。

（2）小乔课堂上主动举手回答老师提问，老师没有给予他肯定的表扬，但也没有说他回答错误。小乔觉得自己没有准确回答问题，很不开心。

（3）运动会上，小强很努力地跑完了10 000米，但成绩不理想，没有得到名次，独自一人离开运动场。

3. 小活动：我给你点赞

（1）两人面对面站立，一人掌心向上，一人掌心向下，相互托付，双眼真诚对视。

（2）不能说外貌特点，只能说对方的优秀品质、优秀的表现，那些比自己优秀的行为做法。

（3）两人相互赞美之后，可以在班里其他同学之间继续。

（4）不可言过其实，相互吹捧，而是真诚相待，走心、入心。

（5）过程中可以用握手、拥抱等肢体语言表达自己的情感。

（本课设计者：蔡秀娜）

积极沟通你我他

【活动背景】

良好的人际关系对于学生身心健康发展起到非常重要的促进作用，引导学生了解人际交往的基本道德规范，建立良好的人际关系，正确认识自己的人际关系状况，促进人际间的积极情感反应和体验，是学校教育的一个重要内容。初一学生缺少社会生活经验，阅历浅薄，缺少人际交往的环境，部分学生以自我为中心，不懂得体谅他人，不善于关心和理解他人，在人际交往方面欠缺技能，如倾向于指责他人，常常表现为因一点点小事而大发雷霆，使小事闹大，矛盾激化，容易导致隔阂与误解，同学相处总是磕磕碰碰，从而影响人际交往，有的甚至导致人际冲突。班主任要积极引导学生反思、体会和感受沟通的魅力，掌握良好沟通的方法，提高沟通能力，建立良好人际关系。

【活动目标】

1. 知识与技能

认识有效沟通在人际交往过程中的重要性，掌握有效沟通的技巧，提高人际沟通质量，提高交往能力。

2. 过程与方法

通过体验活动分享心得感悟，案例分析讨论提炼有效沟通的技巧，心理剧表演提升认识与理解。

3. 情感态度与价值观

积极体验交往沟通中的快乐情绪和情感，正确表达情绪，培养有效沟通、主动沟通和积极沟通的意识。

【活动对象】

初一年级学生。

【活动形式】

心理游戏、情境分析、感悟分享。

【活动准备】

学生查阅与沟通相关的知识、A4纸。

【活动过程】

活动环节	教师活动	学生活动	设计意图
情境融入（尝试沟通）	1."万能胶"游戏：介绍热身小游戏的规则，游戏后引导学生谈谈感受。 2.概念与功能：邀请各小组阐述课前查阅的与沟通有关的概念。	1.全体学生参与热身小游戏，活动中，要根据老师的指令完成任务，任务结束后，谈谈自己的体会。 2.学生结合生活事例解释沟通的功能。	游戏调动学生的积极性，尝试理解沟通的定义和功能。
体验认知（有效沟通）	1.介绍撕纸游戏（一）和游戏（二）的规则。提醒学生听清楚规则。活动后引导学生分享心得体会。 2.沟通的技巧：引导学生提炼有效沟通的关键词。	1.学生分别参加两次游戏活动。讨论并分享：为什么两次撕的纸差别这么大？ 2.小组归纳提高沟通效果的技巧，组长汇报。	了解沟通的重要性，掌握提高沟通效果的技巧和方法，提高沟通能力。
感悟升华（主动沟通）	1."传音接力"比赛：组织学生开展传音接力比赛，强调要运用刚掌握的沟通技巧。 2.情境：邀请各小组分析情境中的学生存在的沟通问题，并给他们提出改善建议。	1.小组参与竞赛，游戏前可以商讨对策，提高成功率。学生对比撕纸游戏和传音接力的结果，分享心得。 2.各小组就情境中学生存在的问题分析原因并提出合理建议。	让学生在活动中尝试运用各种方式进行有效沟通。
内化促行（积极沟通）	心理剧：组织学生以小组为单位创作以"沟通"为主题的心理剧，并邀请心理老师帮助他们编写剧本。	各小组讨论心理剧的分工、剧本内容等安排，一周后进行创作和排练，然后全班展示表演。	鼓励学生运用所学的沟通技巧去促成有效的沟通，收获和谐的人际关系。

1. "万能胶"游戏

全体学生站立，当听到老师说："万能胶"时，学生一起回答："贴什么？"老师回答："贴同一个月份出生的人。"这时学生要主动去询问周边的同学，最后相同月份出生的学生聚在一块。老师也可以发出其他的指令，相同性质的学生就相聚在一起。

2. 人际沟通

人们之间的信息交流过程，也就是人们在共同活动中彼此交流各种观念、思想和感情的过程。这种交流主要通过言语、表情、手势、体态以及社会距离等来表示。

沟通功能：人际沟通具有心理、社会和决策等功能，和我们生活的层面息息相关。

心理功能：为了满足社会需求和他人沟通；为了加强肯定自我而和他人沟通。

社会功能：借着社会功能我们可以发展与维持与他人间的关系。

决策功能：沟通促进资讯交换，沟通影响他人决策。

沟通基本技巧：倾听、自我袒露、表达。

3. 撕纸游戏

撕纸：①小组的同学背对背坐，不能讨论，不能说话，听老师的指引，独立完成；②小组的同学面对面而坐，听老师的指引，可以进行讨论、沟通，也可以向老师提问。

撕纸指引：①把一张纸上下对折；②再左右对折；③在折好的纸的左上角撕去一个边长为2厘米的等腰直角三角形；④然后把这张纸左右对折；⑤再上下对折；⑥在右上角撕去一个半径为2厘米的扇形。

4. "传音接力"比赛

老师发给每组最前面的一位同学一张纸条，老师喊"一二三"，学生把纸条打开，看清以后以耳语或手语的形式告诉下一位同学，一个接一个传下去，不能让别的同学听见，最后一位同学把听到的内容写在一张纸上交给老师。比一比哪组说得又对又快。

5. 情景

小贾是班干部，为人比较随和，不喜欢争执，和同学的关系处得都比较好。但是，前一段时间，不知道为什么，同是班干部的小李老是处处和他过不去，有时候还故意在别人面前指桑骂槐。起初，小贾觉得都是同学，又都是班干部，没什么大不了的，忍一忍就算了。但是，看到小李如此嚣张，小贾一赌气，告到了班主任那儿。班主任把小李批评了一通，从此，小贾和小李成了绝对的冤家了。

主动沟通　亲切交流

【活动背景】

父母工作时间长，或者工作繁忙，忽略或忽视了亲子之间的沟通，父母与孩子之间的沟通时间和机会越来越少，导致亲子之间出现隔膜，甚至亲子关系恶化，直接影响孩子的身心健康发展。部分学生会出现性格孤僻、不愿意主动接触同伴、老师，部分学生埋怨父母对自己不理不睬，情感缺失导致情绪波动很大，部分学生认为父母不愿意和自己联系、沟通，自己就不必感恩和孝顺他们。班主任要全面掌握了解班级学生情况，及时设计班会，做好搭建沟通桥梁的工作，帮助学生化解对父母的误解，理解父母，要求学生主动沟通，提升亲子沟通质量。

【活动目标】

1. 知识与技能

了解父母亲的日常工作和工作特点，知道孝敬父母是中华民族的传统美德，培养主动沟通交流的意愿和能力。

2. 过程与方法

在回顾和了解的基础上，学会如何理解父母和体谅父母，从现在做起，主动理解父母，主动与父母沟通，以实际行动回报父母。

3. 情感态度与价值观

体会父母日常工作的艰辛和伟大无私的爱，实现从"了解父母"到"理解父母"到"与父母沟通"的思想转变。

【活动对象】

初一年级学生。

【活动形式】

情感体验法、分组交流、角色扮演。

【活动准备】

收集部分家长年轻以及现在的照片、安排学生了解父母工作特点、统计父母做家务的时间、小品故事。

【活动过程】

活动环节	教师活动	学生活动	设计意图
情境融入（爸妈，你们怎么了？）	1.活动：父母不理我们了？展示学生与父母沟通聊天的次数。 2.活动：哪个是爸爸妈妈？播放部分家长年轻时候和现在的照片。	1.学生回忆父母与自己聊天的次数。 2.学生看着照片辨认自己的父母。	照片对比，让学生认识到父母在变老，调动情绪，进入主题。
体验认知（爸妈，你们辛苦了！）	1.列表了解：现场调查学生父母的工作和特点以及父母做家务的总量和时间。 2.角色扮演：安排小组分别扮演工作之后做家务的父亲和母亲。 3.数据说话：展示中年人的精力和体力情况。	1.学生汇报父母工作、工作特点以及做家务时间及总量。学生谈自己看到数据之后的感受。 2.角色扮演父母在家的时间安排，了解人到中年的精力和体力情况。	了解父母的变化，感知父母的不易。
感悟升华（爸妈，我们做得不好！）	1.真心理解：安排小组讨论各自父母对自己的爱的方式。 2.诚心检讨：小品表演，自己在家对父母的爱的方式。	1.每个小组讨论总结自己的父母对自己在学习、生活以及待人接物上的具体要求。 2.每个小组讨论总结自己对待父母的态度，反思自己的不足。	适应、接受、懂得父母爱的方式的变化，反思自己的不成熟。
内化促行（爸妈，我们长大了！）	1.主动沟通：沟通的时间、方式、话题。 2.分担家务：我们可以帮助父母做些什么？	1.我们可以和父母聊些什么话题，主动关心父母。 2.罗列可以为父母分担的家务。	为父母分忧，主动沟通。

父母的工作和家务时间

	工作时间	家务时间
父亲		
母亲		

主动沟通、亲切交流、主动承担

	聊天时间、内容	家务内容
周一		
周二		
周三		
周四		
周五		
周六		
周日		

老师，您好

【活动背景】

在学生的成长过程中，老师是其中一个非常重要的角色。师生关系影响甚至决定了学生在校的学习、生活质量。部分学生由于不会正确处理与老师的关系，导致师生关系不稳定、不正常，影响了心情和学习。班主任要设计班会，帮助学生正确看待与老师的关系，了解师生交往的特点与原则，了解与老师沟通中容易产生的问题，掌握正确处理师生矛盾的方法，学会正确、得体、有效的交往。

【活动目标】

1. 知识与技能

了解老师这个职业的起源，了解老师的日常工作和工作特点，知道尊敬老师是中华民族的传统美德，培养主动沟通交流的意愿和能力。

2. 过程与方法

通过小组合作为老师写一段话，增加对老师感激之心，学会如何理解老师，从现在做起，主动与老师沟通，小组合作探究与老师沟通的原则。

3. 情感态度与价值观

体会老师日常工作的艰辛和伟大无私的爱，实现从"了解老师"到"理解老师"到"与老师沟通"的思想转变，培养尊师、亲师、爱师的良好品德。

【活动对象】

初一年级学生。

【活动形式】

情感体验、分组交流、角色扮演。

【活动准备】

安排学生查阅资料了解老师职业起源和特点；问卷调查与老师的关系、对老师的看法。

【活动过程】

活动环节	教师活动	学生活动	设计意图
情境融入（师生关系）	1.暖场：说说我们的小学老师。 2.展示：展示前期调查的学生与老师的关系。 3.引入：老师的起源。安排各小组按顺序介绍自己了解到的情况。	1.学生们回忆小学老师，讲讲自己心目中最喜爱的老师。 2.学生根据调查结果分析自己对老师的看法以及关系。 3.学生根据查阅的资料，分组介绍自己对老师起源的理解。	了解老师的职业特点，提出师生关系中存在的问题。
体验认知（换位思考）	1.案例：学生小力与老师的冲突。组织学生进行角色扮演。 2.换位：小组组员轮流扮演老师角色，体验课堂上老师的感受。	1.学生角色扮演小力与历史老师在课堂上的冲突。每个小组讨论分析冲突的现象、原因，分享自己的看法。 2.组员轮流扮演老师的角色，其他学生扮演不同个性特点的学生。	讨论师生沟通不畅甚至冲突产生的原因，换位思考，理解各自的立场。
感悟升华（沟通技巧）	1.反思：小组反思各自与老师沟通交流中存在的不足。 2.探讨：师生沟通的原则与技巧。	1.各小组讨论自己与老师沟通中存在的不足，罗列要点。 2.根据总结出来的原则与技巧，给上述案例中的小力同学提三个解决与老师发生冲突的建议。	反思自己的不足与不成熟，用沟通原则与技巧解决实际问题。
内化促行（祝福点赞）	1.主动沟通：沟通的时间、方式、话题。 2.点赞老师：各小组为科任老师制作一张卡片。	1.学生讨论主动与老师沟通的具体时间、方式和内容。 2.各小组分工合作，为老师制作一张卡片，里面有老师的卡通像以及学生对老师的祝福和点赞。	做好自己，主动沟通，遵循原则，讲究方法。

1. 问卷调查

（1）你和你老师的关系如何？（　　　）

　　A. 很好　　　B. 一般　　　C. 不怎样　　　D. 完全冷漠

（2）如果你有心事你会选择对谁说？（　　　）

　　A. 父母　　　B. 朋友　　　C. 同学　　　D. 老师

（3）当你与老师发生矛盾，一般采用什么方法解决？（　　　）

　　A. 主动和老师交流　　　　B. 短信或电话沟通

　　C. 冷战　　　　　　　　　D. 用很激烈的方式争吵

（4）你认为影响师生关系的主要因素是什么？（　　　）

　　A. 教师方面　　　　　　　B. 学生方面

　　C. 环境方面　　　　　　　D. 性格不同

2. 情景

小力是一名品学兼优的好学生。有一天上历史课，历史老师在讲解山顶洞人的时候，小力突然说："咦，山顶洞人！"引起全班学生的哄堂大笑。历史老师觉得小力是在说自己，要小力道歉，但小力辩驳说不是，两人争吵起来。

针对以上情景，以小组为单位，商讨解决问题的方法，并与全班同学分享。

第____小组	成员：_____　_____　_____　_____	
情景	问题	解决方法
	1.	1. _____；2. _____
	2.	1. _____；2. _____

3. 祝福老师

老师，您好！

核心价值观在心中

【活动背景】

党的十八大提出，倡导富强、民主、文明、和谐，倡导自由、平等、公正、法治，倡导爱国、敬业、诚信、友善，积极培育和践行社会主义核心价值观。积极培育和践行社会主义核心价值观是学校落实立德树人根本任务的核心要求。班主任要积极把社会主义核心价值感融入教育全过程，把社会主义核心价值观作为德育的核心内容，并确保把社会主义核心价值观落到实处，引导学生牢牢把握国家层面的价值目标，深刻理解社会层面的价值取向，自己遵守公民个人层面的价值准则。

【活动目标】

1. 知识与技能

了解社会主义核心价值观内涵，讨论、了解社会主义核心价值观与个人成长、社会建设和国家发展的关系。

2. 过程与方法

通过课前了解社区变化以及社会建设成果，增强践行社会主义核心观的使命感，通过小组共同组织演讲等活动，传递社会主义核心价值观正能量。

3. 情感态度与价值观

培养集体主义精神，以及刻苦学习的坚强毅力和诚实待人的道德品质，增强学习社会主义核心价值观的自觉性，增强培育社会主义核心价值观的意识。

【活动对象】

初一年级学生。

【活动形式】

演讲、采访、制作手抄报。

【活动准备】

学生了解价值观24字的内涵、了解本地社会建设变化以及成果。

【活动过程】

活动环节	教师活动	学生活动	设计意图
情境融入（价值观我学习）	1.人物事迹：介绍何厚铧慷慨解囊支援家乡建设。问：何厚铧行为体现了社会主义核心价值观的哪几项内容？2.价值观24字背诵竞赛。	1.学生根据事迹材料，发表自己的见解。2.各小组选派一名学生参与价值观24字背诵竞赛。	了解人物事迹，背诵竞赛，吸引参与兴趣。
体验认知（价值观我理解）	1.价值观24字内涵解释。邀请各小组解释价值观内涵。2.邀请学生讲述或展示本区域社会建设成果。3.介绍价值观发展历程。	1.小组根据查阅资料分别介绍国家、社会和个人层面价值观内涵。2.各小组分别介绍收集到的本地社会建设成果或者自己居住社区的变化。	了解价值观内涵，了解本地变化和建设成果，加深理解。
感悟升华（价值观在心中）	组织各小组探讨社会主义核心价值观与个人成长、社会建设和国家发展关系。	学生各小组根据课前任务安排，对价值观与个人成长、社会建设和国家发展阐述自己的见解。	深入了解价值观与个人、社会和国家的关系。
内化促行（价值观我践行）	1.小组演讲：选取其中一个层面，准备3分钟演讲。2.采访报道：采访学校同学与社区邻居，了解他们对于价值观的理解，制作手抄报。	1.各小组选取自己最有心得的一个层面，全体组员参加3分钟演讲。2.制定采访方案，课后一周内完成任务，并制作手抄报，在课室展示。	进一步了解价值观内涵，内化知识于心，外化于行。

1. 澳门首任特首何厚铧

澳门——这个位于珠江口，由澳门半岛、氹仔岛和路环岛组成，人口约41万，由葡萄牙政府管辖400余年的迷你城市，在21世纪末，将跨越数百年沧桑，回归中国政府，回归祖国母亲一往情深的怀抱。随着万众企盼的逐日增温，5月15日，世人的眼光不约而同地竞相聚焦于澳门，瞩目才华横溢、平步青云的何厚铧当选澳门首任特首。

何厚铧祖籍广东番禺，家乡人都亲切地称他为"铧哥"，并且一心一意地支持他在澳门担任特首。何厚铧是澳门、广州地区同乡联谊会副会长，澳门番禺同乡会会长，1993年2月他还被授予"广州市荣誉市民"称号。

何厚铧尽管年轻，却承袭着传统中国人慈善为怀的品格和热爱桑梓的深厚情谊。多年以来，他为支援家乡旅游、经济建设和教育医疗卫生等福利事业陆续解囊，捐赠总额达人民币1170万元。1993年8月，何厚铧与自己的父母和伯父何添一道，同时被家乡人民政府授予"番禺市荣誉市民"称号。

2. 采访方案

项目		
采访时间		
采访对象		
稿件编写人员		
手抄报制作人员		

中 篇

初中二年级

年级特点分析

青春萌动、情绪多变、追求独立的初中二年级。

初中生正值身心俱变时期，其中初二学生尤为明显。美国心理学家霍林沃斯称之为"心理性断乳期"，是整个中学阶段"最危险"的阶段。他们的个性意识、独立意识和成人意识不断加强，他们开始要进一步显示出自己的个性，希望更加独立，他们情绪变化快，表现出不稳定性，他们易受影响，容易受外界不良现象和不良人物的引诱。

班会课设计

对于初二学生，我们应给予他们更多的关注，采取多种教育方式，组织各种活动，采取切实可行的措施引导他们全方位地认识了解自己，客观地评价自己，帮助他们度过人生的"危险期"，促进身心发展。初二年级的班会课主题确定为自我认识教育、责任意识教育和青春期教育。

悦读人生

【活动背景】

《语文课程标准》要求初中学生广泛地阅读各种类型的读物，课外阅读量"不少于260万字"，并要求学生"每学年阅读两三部名著"。古人一直强调多读，他们认为只有多读，才能善写。他们不主张狭窄，主张广博。"多读"和"广博"正是课外阅读所承载的任务。班主任要设计班会课，指导学生系统制订课外阅读活动计划，学会运用多种阅读方法，促进学生更好地参与阅读实践活动，提高阅读能力与水平，使学生具有独立阅读的能力，注重情感体验，有较丰富的知识积累，形成良好的语感。

【活动目标】

1. 知识与技能

通过活动，使学生认识到读书对于人生成长的重要意义，掌握阅读方法，学会读书，学会学习，提高阅读能力与水平。

2. 过程与方法

通过阅读方法讲解，帮助学生了解读书的基本技巧，通过读书心得分享，提高学生阅读兴趣，制订课外阅读活动计划，促进学生更好地参与阅读实践活动。

3. 情感态度与价值观

通过活动的开展，促进学生的知识更新，活跃学生的思维。使学生养成良好的读书习惯，培养学生好读、爱读、悦读的良好风气，丰富其精神世界。

【活动对象】

初二年级学生。

【活动形式】

讲解、体验、分享。

【活动准备】

学生准备推荐阅读书目、邀请语文老师参加活动。

【活动过程】

活动环节	教师活动	学生活动	设计意图
情境融入（悦读羊城）	1.书：展示"书"字的书写形式。 2.书与人类：介绍书的起源、书的作用。 3.书香羊城：介绍广州每年的十大好书。	1.学生猜测"书"的不同字体。 2.学生讨论书的起源以及书籍的载体变化；学生小组讨论书对于人类发展起到的作用。	讨论书的起源与作用，感受书籍对人类发展起的作用，引发学生深入学习的兴趣。
体验认知（悦读推荐）	1.书的发展：对比纸质书与电子书的阅读方式的利与弊。 2.我们的藏书量：安排各小组问卷调查。 3.我阅读，我推荐：安排3个学生分享阅读心得。	1.学生分组讨论纸质书阅读与电子书阅读的异同、利弊。 2.小组现场问卷调查各自的个人藏书量。 3.学生依次简要介绍一本书并分享自己的心得。	讨论书的发展，了解班级同学的藏书量，感受同学的阅读收获，提升阅读兴趣。
感悟升华（悦读怡情）	1.阅读方法：邀请语文老师分享阅读方法与技巧。并推荐悦读书目给学生。 2.感受阅读：组织全体师生一起朗读一段文字。	学生根据语文老师介绍的具体阅读方法与技巧一起朗读文段，感受阅读带来的乐趣与情感体验。	学习掌握阅读方法与技巧，感受阅读乐趣。
内化促行（悦读人生）	1.阅读时间：一起寻找课外阅读时间。 2.阅读方案：公布班级阅读方案，解读具体要求。	1.小组讨论，学生根据结果，确定自己的课外阅读时间。 2.每个学生根据自己的特点制订阅读计划。每个月汇报分享自己的阅读成果和心得。	制订阅读计划，确定阅读书籍数量，确保阅读常规化、常态化，培养阅读能力。

1. "书香羊城"活动介绍

十大好书评选活动是每年"书香羊城"活动的重头戏，自2011年推出评选活动以来，已经为市民推荐了70本好书，这些书中既有人物传记，也有经济社会书籍，既有思想深刻的雅作，也有面向大众的科普类图书。十大好书评选活动自启动以来，每年都吸引了大量读者的关注和参与，投票踊跃，成为广州人民文化生活中的一件大事。

2. 感受阅读的魅力

曲曲折折的荷塘上面，弥望的是田田的叶子。叶子出水很高，像亭亭的舞女的裙。层层的叶子中间，零星地点缀着些白花，有袅娜地开着的，有羞涩地打着朵儿的；正如一粒粒的明珠，又如碧天里的星星，又如刚出浴的美人。微风过处，送来缕缕清香，仿佛远处高楼上渺茫的歌声似的。

——朱自清《荷塘月色》

3. 阅读技巧

速读、默读、朗读、浏览、略读、泛读、精读。

4. 部分阅读书目推荐

《繁星·春水》　　　　《安徒生童话选》

《西游记》　　　　　《泰戈尔诗文精粹》

《朝花夕拾》　　　　《钢铁是怎样炼成的》

《老人与海》　　　　《朱自清散文精选》

《文化苦旅》　　　　《骆驼祥子》

《童年》　　　　　《中国当代散文名家名篇赏读》

我是谁

【活动背景】

初二学生生长发育加快，在他们看来，自己已经是一个成熟的人了。他们开始要进一步显示出自己的个性，希望更加独立，他们有自己的主见，不希望父母干扰，不喜欢别人支配自己、管理自己，尤其是不喜欢家长细致的关照，喋喋不休的唠叨。希望在自由自在的、无拘无束的气氛中同教师、家长平等地交流情感，倾诉自己的心声，真正获得一个属于他们自己支配的空间。他们易受影响，容易受外界不良现象和不良人物的引诱，有些学生甚至会模仿社会不良青年的行为，出现离家出走等现象。班主任要设计班会课，帮助他们加强自我认识，客观评价自己，逐渐培养正确的学习观念，建立良好的人际关系，有效管理不良情绪。

【活动目标】

1. 知识与技能

通过活动帮助学生了解认识自己的优缺点，提高正确认识自己的能力，有效采取方法提升自我觉察的能力，提升自我调节与控制的能力。

2. 过程与方法

通过反思小组之间对自己的评价，共同探讨个人的优势和劣势，明晰下一步发展方向和成长目标。

3. 情感态度与价值观

通过活动帮助学生接纳自己、悦纳自己，培养良好的心理品质，培养积极向上、乐观进取的态度和精神。

【活动对象】

初二年级学生。

【活动形式】

问题辨析、体验、分享。

【活动准备】

学生查阅个性品格相关词汇，学生回顾自己的学习、生活中的个性品质。

【活动过程】

活动环节	教师活动	学生活动	设计意图
情境融入（了解自我）	1.帮帮她：她是一个怎样的人？要求学生分析案例中学生的问题。2.问问自己：我是一个怎样的人？	1.学生根据案例中的描述，结合自己的理解给案例中的同学提出自己的见解。2.学生根据老师的提问，回答问题，个别学生自愿交流介绍自己。	用案例分析引入主题，用自我介绍吸引注意力。
体验认知（认识自我）	1.个性品质大搜查：将个性品质词汇罗列。2.空心人：要求学生自我评价自己的品质。	1.各小组展示课前搜索到的关于个性品质的词语。2.学生独自设计绘制一张个人自画像，要求只画线条，然后将自己拥有的品质填写在线条内，希望自己未来能够拥有的品质填写在自画像外。	绘制自画像，初步分析自己的一些品质特点。
感悟升华（悦纳自我）	1."掌声响起来"：安排各小组分组各自汇报自己的优点。2.实话实说：小组采访，明晰各自的优缺点。	1.各小组组员归纳自己的优秀品质，大声汇报，其他组员要报以热烈的掌声以示点赞。2.小组内轮换组长职责，邀请组员诚实评价自己的日常待人、处事等特点。	从别人对自己的态度来了解自己，悦纳自我。
内化促行（完善自我）	1.对自己说：解释"乔哈窗口理论"，学生分析自我特点。2.完善提高：针对分析结果，指导学生完成发展计划。	1.学生根据"乔哈窗口理论"，简单分析、了解自己。2.学生根据分析情况，制订发展、成长计划，设定一个完成时间表，邀请同伴监督实施。	认真分析自己，自我觉察，制订成长计划，逐步完善自我。

1. 帮帮她

我是一个14岁的女孩。我喜欢艺术、音乐，成绩也不错。老师和很多人都夸我聪明。可是，我有一个似乎永远解不开的心结：我因为自己的相貌而自卑。美貌好像就是我的死穴。这个阴影，从小就一直困扰着我。

2. 问问自己

我有什么优点？我有什么缺点？我的目标是什么？我要成为一个怎样的人？

3. 个性品质

开朗、活泼、上进、谦让、诚实、孝顺、勤劳、冷静、勇敢、坚强、文明、谦虚、大方、自信、宽容、好学、热情、正直、细心、大度。

自卑、胆怯、自闭、嫉妒、马虎、冷漠、虚荣、偏激、说谎、粗心、计较、小气、懒惰、懦弱、退缩、自私、霸道、莽撞、攀比、消极、逞强、多疑、急躁、孤僻。

4. 乔哈窗口理论

乔哈窗品理论是由一个叫乔治和一个叫哈理的心理学家一起提出来的。因为该理论的模式是一个"田"字格，像一个窗口，故称"乔哈窗口理论"。该理论是关于人的自我认识的理论，即人对自己的认识可以用一个坐标来形容：横坐标是自知、自不知，纵坐标是他知、他不知。由此横、纵坐标交叉构成的。

	自己知道	自己不知道
别人知道	自由活动领域 开放我（公众我）	盲目领域 盲目我
别人不知道	隐蔽或逃避领域 隐蔽我（逃避我）	未知我 （潜在我）

我需要你的帮助

【活动背景】

进入初二，随着生理和心理的发育和发展，社会阅历的扩展及思维方式的变化，特别是面对竞争的压力，学生们会在学习、生活、自我意识、情绪调节、人际交往等遇到一些心理困惑或问题，这给他们带来了一系列心理压力。大多数学生自觉求助的意识较为薄弱，不愿意与家长和老师主动沟通，常常陷入苦恼中而不能自拔，不同程度影响了他们的学习、生活。班主任可以尝试鼓励学生运用心理互助的形式互帮互助，充当辅导者，倾听同学的心声，关心同学，理解同学，并帮助同学，为他人排忧解难，成为心理治疗的主动者，让学生在助人中自助，在互助中成长。

【活动目标】

1. 知识与技能

通过活动帮助学生认识心理互助的好处，懂得有困难时会主动寻求别人的帮助，提升互帮互助能力。

2. 过程与方法

通过体验帮助他人时的喜悦感觉，学会帮助他人、理解他人。以互助信箱的形式为班级有需要的学生提供各种合理建议。

3. 情感态度与价值观

培养互助精神，促进同学间良好的人际交往，促进班级形成团结互助、积极进取的班风，培养学生健康的心理品质。

【活动对象】

初二年级学生。

【活动形式】

心理游戏、讨论、现场示范、感悟分享。

【活动准备】

眼罩、一个纸质的信箱。

【活动过程】

活动环节	教师活动	学生活动	设计意图
情境融入（我需要帮助）	1.热身游戏：手指31。提醒学生可以请求同伴帮忙。 2.数据统计：遇到一些困惑和挫折后找谁述说?	1.学生根据老师的指令做游戏并互相指导。 2.现场参与调查，统计人数，小组讨论选择述说对象的理由。	复杂游戏引导学生在遇到困难时寻求帮助。数据引起学生注意诉说对象的选择。
体验认识（助人为乐）	1."蒙眼跨越障碍"游戏：安排两个学生一组参加游戏。 2."给我力量"游戏：小组用最动听的、最鼓舞的话语鼓励小组成员。	1.学生两人一组共同完成"蒙眼跨越障碍"游戏，学生自行决定完成任务的方式。 2.学生6人一组围坐，逐次层叠传递一句正能量的话。体验被表扬的感受。	体验陷入困境时的无助；体验别人帮助自己时的感动；体验帮助别人时的快乐。
感悟升华（互帮互助）	1.互助原则：安排每个小组商定出互助原则，然后集体讨论确定。 2.互帮互助：每个学生都写出自己近期的烦恼，交由小组集体商议解决问题的方案。	1.小组讨论互助原则，全体学生共同确定关键词。 2.每个学生写出心理的烦恼。班主任随机抽取一些问题交给各小组讨论。若干小组读出辅导意见。	小组合作共同给出合理建议，帮助同学解决问题，体验心理互助的好处。
内化促行（你我互助）	互助信箱：提议班级共同商定设置一个班级互助信箱，定期解决个人困惑。	学生商定成立互助小组，商定各周互助信箱的负责人、互助形式以及安全、保密等事宜。	设置信箱，将心理互助设定为常态化的互助形式，帮助有需要的学生解决心理困惑。

1. "手指31" 游戏

在5个手指上分别写上1，2，4，8，16，然后根据指令伸出手指表示1，2，3，4，……31。提醒有困难的同学寻求帮助。

2. "蒙眼跨越障碍" 游戏

蒙住学生眼睛，告诉他要经过一定的障碍到达目的地，询问他的感受，此时的心情（无助、无奈、惊慌），然后叫同组同学给他做出指引，要求指引要清晰，语速要适中，要让蒙住眼睛的同学安全到达目的地。然后采访助人者的感受。

3. "给我力量" 游戏

A：请班里某个学习有困难的同学站在讲台上，要求班里的同学用最动听的、最鼓舞的话语鼓励这个同学。

B：小组围成一圈，每个学生对自己左边的同学说一句正面的、肯定的、赞美的语句，逐次层叠增加传递，直到那句话传回第一个学生。

4. 心理互助

倾听同学的心声，关心同学，理解同学，并帮助同学，进而提高自我调节能力。同龄人之间的相互沟通，易产生共鸣，可以解开藏在内心深处的心结。

5. 互助信箱

周	
负责人	
互助小组成员	
互助形式	

宽容促和谐

【活动背景】

对中学生而言，是否拥有良好的人际关系在一定程度上决定着他们的校园生活能否快乐、幸福，人际关系关系着他们的健康成长。部分学生不善于与人沟通，怕自己吃亏，甚至总是纠结于交往中对方的过失或过错，一味强调自己的个人感觉，以自我为中心，缺少为他人着想，宽容和理解他人的同理心。班主任要通过班会课帮助学生了解宽宏大量和包容他人的重要性，同时，初步掌握宽容他人的方法，尝试将其运用到实际生活中，学会自我内省，学会宽容，培养宽容的良好心态，用包容大度的态度去面对生活中的误会、小摩擦和不愉快，增进人际间的有效沟通，和谐共处。

【活动目标】

1. 知识与技能

通过活动帮助学生了解宽容的含义，明白宽宏大量和包容他人的重要性，初步掌握与人宽容相处的技巧，逐渐学会宽以待人。

2. 过程与方法

通过故事演绎，感悟宽容的意义，通过漫画表现宽容的重要性以及意义，学会自我内省。

3. 情感态度与价值观

体验同学间和谐相处的融洽氛围，体会宽容所展现的气度，培养宽容的良好心态，培养良好的宽容心理品质，提升做人境界。

【活动对象】

初二年级学生。

【活动形式】

故事演绎、感悟分享、漫画展示。

【活动准备】

学生课前查阅与宽容相关内容。

【活动过程】

活动环节	教师活动	学生活动	设计意图
情境融入（传递宽容）	1."传递宽容"游戏：介绍活动规则，提醒学生如何应对活动中同伴的失误。活动后邀请学生分享体会。 2.定义宽容：邀请各小组界定宽容的概念。	1.学生自愿组队参加活动。活动后分享心得：活动中你对组员的表现满意吗？为什么？ 2.学生根据查阅的资料，定义宽容的基本意义。	让学生在活动中认知什么是宽容。
体验认知（理解宽容）	1.播放动画《宽容》，提醒学生注意动画中的帅哥和大叔的不同表现。 2.小故事：邀请一位学生讲故事，提出问题让学生思考。	1.学生分享：动画中的帅哥和大叔的不同表现对你有何启示？ 2.听故事，小组讨论：被打的人会怎么说？怎么做？	故事体验如何宽容他人，感受宽容促进和谐。
感悟升华（感受宽容）	1.续编故事：各小组继续完成故事。 2.现场演绎：鼓励各小组现场演绎完整故事，鼓励他们增加自己的元素。	1.各小组根据自己的理解继续编写完善故事结局。 2.各小组分工合作，完善故事情节，现场表演。	续编故事，进一步理解感受宽容的力量。
内化促行（漫画宽容）	1.反思内省：建议学生反思自己日常生活中与父母、同学相处时不和谐的表现。 2.漫画宽容：组织学生通过漫画的形式表现生活中宽容和谐的画面。	选取生活中的亲子、师生和同伴交往中的不同侧面，以漫画或者连环画的形式表现人际交往中和谐宽容的画面。	促进学生自我内省，让学生把活动中的感悟转化成行动。

1. "传递宽容" 游戏

10-12个同学一组，围成一个圆圈，一半同学蒙上眼睛，传递气球一圈，中途如果气球脱手落地，必须重新开始。

2. 宽容

宽大有气量，不计较不追究，包涵，原谅。宽容是最美丽的一种情感，宽容是一种良好的心态，宽容也是一种崇高的境界，能够宽容别人的人，其心胸像天空一样宽阔、透明，像大海一样广浩深沉，宽容自己的家人、朋友、熟人容易，因为，他们是我们爱的人。

3. 小故事

阿拉伯传说中有个故事：两个朋友在沙漠中旅行，在旅途的某个地点他们吵架了，一个还给了另外一个一记耳光。被打的人觉得受辱，一言不语，在沙子上写下："今天我的好朋友打了我一巴掌。"他们继续向前走，直到到了湖边，他们就决定停下来。被打一巴掌的那位在取水的时候差点淹死，幸好被朋友救起来了。被救起后，他拿了一把小剑在石头上刻了："今天我的朋友救了我一命。"

一旁好奇的朋友说："为什么我打了你以后，你要写在沙子上，而现在要刻在石头上呢？"……

珍爱生命，活出精彩

【活动背景】

在高压力、快节奏和多元文化的时代，生存、健康、快乐、幸福等问题摆在了所有人的面前。青少年在成长过程中也出现了许多问题，一部分青少年生命观模糊，对待生命无知和不以为然，个别青少年甚至摧残异类生命，轻视他人生命，漠视自身生命。加强生命教育是学校一项刻不容缓的任务，班主任有必要，也有义务让学生认识生命的意义，使学生在理解生命的必然性、偶然性和不可逆性的基础上，了解生命、珍惜生命、保护生命，激发学生对生命的敬畏，勇敢面对生活中的各种挫折和挑战，树立正确的生命价值观。

【活动目标】

1. 知识与技能

通过活动帮助学生认识生命、珍惜生命、尊重生命、保护生命、热爱生命、激扬生命、完善生命，不断提升生命质量。

2. 过程与方法

学习优秀榜样的拼搏奋斗精神，激发学生对生命的敬畏，勇敢面对生活中的各种挫折和挑战。

3. 情感态度与价值观

通过活动，树立正确的生命价值观，爱惜生命，呵护生命，自觉及时地赋予自己的每一时刻以生命价值。

【活动对象】

初二年级学生。

【活动形式】

体验、冥想、制作手抄报、视频播放。

【活动准备】

学生收集世界各地与挫折、苦难抗争的真人真事，收集地球生命视频。

【活动过程】

活动环节	教师活动	学生活动	设计意图
情境融入（认识生命）	1.生命可爱：播放《生命诞生》科幻片。 2.灾难回顾：播放2008年汶川地震视频。	学生回答问题：生命意味着什么？各小组派代表分享讨论心得。	激发学生对生命来源的兴趣。
体验认知（尊重生命）	1.生命的发展和延伸：视频展示地球生物的多样性，以及地球生命的可爱。 2.名人故事：讲述澳大利亚约翰·库缇斯的故事。	1.学生讲述发生在自己身边或了解的动物故事。 2.学生谈感受和心得。学生讲述世界各地与挫折、苦难抗争的真人真事。	激发学生对生命的珍惜，慨叹地球生命的伟大。
感悟升华（珍惜生命）	1.生命的珍贵：假设生命只有一周。你有什么话要对谁说？你有什么事一定要做？你想和谁度过这段时光？ 2.生命的顽强：邀请学生讲述自己面对挫折和挑战的故事。	1.学生思考有限时间里生命的珍贵。全体学生闭上眼睛一分钟，体验生命的流逝。 2.学生写下自己曾经遇到的挫折，以及当时自己的处理方法，然后在小组里互相交流。	激发学生勇敢面对挫折和挑战。
内化促行（热爱生命）	1.制作手抄报：安排各组制作手抄报。 2.小组演讲：《珍爱生命，活出精彩》。	1.制作手抄报，完成后张贴在课室，激励全体学生。 2.各小组确定演讲的主题、形式，准备时间一周。	激发学生热爱生命，激扬生命。

1. 澳大利亚约翰·库缇斯的故事

澳大利亚著名激励大师约翰·库缇斯没有双腿，却能潜水，能开汽车，能成为运动上的冠军。他患有癌症，却走遍了世界190多个国家进行激情演讲。他时时刻刻面对死亡，却拥有最完美的爱和生活。

2. 汶川大地震

2008年5月12日14时28分，中国四川发生了里氏8.0级特大地震，这是新中国成立以来破坏性最强、波及范围最广、救灾难度最大的地震。在这场灾难中，数万同胞失去生命，数百万群众失去家园……

3.《珍爱生命，活出精彩》演讲

小组	演讲主题	演讲形式
第一小组		
第二小组		
第三小组		
第四小组		
第五小组		
第六小组		

感受生命之美

【活动背景】

生命教育不仅只是教会青少年珍爱生命，更要启发青少年完整理解生命的意义，积极创造生命的价值；生命教育不仅只是关心今日生命之享用，还应该关怀明日生命之发展。中学阶段是人生观、价值观初步形成的时期，初二学生具有较丰富的知识、开阔的视野，获得的信息量也较大，但他们的分辨能力、理解能力和自控能力较低，对生命的意义缺乏深度的思考，对自己的人生缺乏规划。班主任要设计班会课，通过活动帮助学生了解他人的生命故事，感受生命的平凡与伟大，激励学生热爱生命，努力创造自己的生命价值，提升生命质量，规划精彩人生。

【活动目标】

1. 知识与技能

了解每个生命会有不同经历，认识生命的意义与价值，尊重生命，提升生命质量和生命价值，懂得创造有意义的人生。

2. 过程与方法

用榜样的力量激发学生理解生命的平凡和伟大，用诗歌朗诵激发学生对生命的尊重与热爱。

3. 情感态度与价值观

体验、感受他人精彩的人生，体会生命的广度与深度，培养勇于创造自己生命价值的情感，培养关爱生命的价值观。

【活动对象】

初二年级学生。

【活动形式】

观看视频、欣赏歌曲、感悟分享、诗歌朗诵。

【活动准备】

学生采访身边人物、收集热爱生命事例并改写成诗歌等形式。

【活动过程】

活动环节	教师活动	学生活动	设计意图
情境融入（聆听生命之声）	1.播放歌曲《怒放的生命》。 2.呈现部分歌词内容，提出问题：歌曲中哪句歌词最打动你？为什么？ 3.生命的意义：邀请学生阐述自己的观点和见解。	1.欣赏歌曲。 2.思考并回答问题：歌曲中哪句歌词最打动你？为什么？ 3.学生根据查阅的资料，结合自己的观察，阐述自己的观点和见解。	暖场，引导学生思考生命的意义，导入主题。
体验认知（发现生命之美）	1.介绍最美南粤少年李浏欣的事迹，让学生分享：你在李浏欣身上看到哪些美？ 2.播放视频《2017年度感动中国人物：卢永根》。邀请学生分享心得。	1.了解最美南粤少年李浏欣的事迹，谈谈她的美。 2.学生观看视频，小组讨论并分享感受：卢院士的什么事迹令你感动？	引导学生感受生命的平凡和伟大，树立在平凡中创造伟大的正确观点。
感悟升华（点燃生命之火）	1.邀请学生列举身边令人感动的故事。 2.生命赞歌：鼓励学生以朗诵的形式赞美生命的顽强。	1.学生根据课前收集到的资料，讲述身边令人感动的故事。 2.各小组根据查阅的热爱生命的事迹、事例朗诵诗歌。	激发学生对生命的热爱，懂得提升生命的价值。
内化促行（谱写生命之旅）	"绽放生命之花"：建议并指导学生制定自己希望尽力完成的十件事。	学生小组讨论商定自己希望完成的十件大事，并注明期待完成的时间，个人制作成小卡片，在班级展示。	激励学生勇于尝试创造有生命价值的事情。

1. 生命的意义部分解释

实现个人的潜能与理想。

实现生物性上的完美。

追求智慧与科学学识。

做有益、正确的事。

去爱、感受并享受生活。

拥有权利、变得更加强大。

2.《最美南粤少年李浏欣》材料

今年14岁的李浏欣，是湛江一中培才学校初二年级的学生。李浏欣是一个特别有毅力有决心，有自己想法并不断行动的学生，她爱好广泛，主动学习各种才艺，如舞蹈、钢琴、古筝等等，她酷爱网球，曾获2015年业余网球公开赛（湛江U12）冠军、2016年业余网球赛（湛江U12）冠军、2016广东省青少年网球排名赛亚军、2016年中国青少年网球巡回赛单打前八强。2016年11月中旬，在中国青少年巡回赛广东赛（湛江站）中，比赛对手是来自清华大学的身高、技术都胜她一筹的种子选手臧清琳，李浏欣深感压力，落后明显，但她没有放弃，努力调整自己，一分一分地追，比分越来越接近，有一局她发出了4个ACE球，赢得了全场观众的掌声。李浏欣说，这场比赛给她带来了自信，让她懂得坚持信念和不放弃精神的可贵，让她对网球又有了新的理解和想法，在比赛中获得了成长。

责任在我心中

【活动背景】

责任感反映一个人的精神境界和思想品德，是刻苦学习、努力攀登的强大动力，是不懈奋斗、追求卓越，将才学奉献给社会的重要保证。环顾全球，责任感及其培养已受到全世界的普遍关注。然而，从平时学生的日常行为来看，不少学生缺乏对自己、他人以及班集体的责任感。班主任要设计班会课，通过活动让学生了解、认识和明白责任的重要性，明确自身职责，引导学生在学习生活中，认真做好每一件事情，做一个有责任感的中学生，并对自己所处的集体以及社会负责，正确处理与他人、集体和社会的关系，有自觉承担相应社会责任、任务和使命的意识。

【活动目标】

1. 知识与技能

通过活动了解责任的含义，懂得在日常的学习生活中，做事要认真负责，培养责任意识。

2. 过程与方法

通过寻找身边的责任担当榜样，通过理清个人在班级、家庭和社会中理应承担的职责提高责任意识。

3. 情感态度与价值观

体验感受自己在集体生活中承担责任的重要性，增强自身责任感，培养社会主义事业接班人的使命感，自觉承担相应社会责任、任务和使命。

【活动对象】

初二年级学生。

【活动形式】

小组活动、小组讨论、观看视频、听故事、感悟分享。

【活动准备】

收集学生日常学习生活照片，安排学生查阅有关责任的资料信息，安排学生收集整理班级内负责任学生的事例、视频，准备吸管、钥匙环。

【活动过程】

活动环节	教师活动	学生活动	设计意图
情境融入（了解责任）	1.学一学：播放2018年感动中国人物卓嘎和央宗的事迹视频。 2.看一看：展示学生日常生活中不负责任的照片。 3.聊一聊：邀请学生讲述自己对责任的理解。	1.观看视频，小组讨论并分享：是什么让卓嘎和央宗一直坚守在祖国的边陲？ 2.观看图片，并发表自己的看法。 3.学生根据课前查阅到的资料阐述自己对责任的理解。	视频、学生生活常态事例导入主题词。
体验认知（认识责任）	1.听一听：讲述最美司机吴斌的感人故事。 2.试一试：介绍活动"责任担当"规则，提醒学生活动中勇敢承担起个人应尽的责任，确保活动顺利完成。	1.听故事，分享感受：他要用怎么样的意志力才能做完一系列动作？ 2.学生分成若干小组参与活动，然后分享活动感悟。	由远及近体验、了解责任的含义。
感悟升华（理解责任）	1.数一数：邀请学生列举班级负责任的事例。 2.理一理：邀请学生就自己在小组、班级、家庭和社会中理应承担的责任列表进行说明。	1.学生讲述班级中责任心强的同学及他们的具体表现。 2.小组讨论个人在小组、班级、家庭和社会中担责的事项并列表说明，组长汇报分享。	利用身边事例、榜样力量激发学生的担当责任感。
内化促行（担起责任）	做一做：指导学生填写"我的责任书"。	学生结合自己实际，按照个人、小组、班级、家庭和社会顺序填写"我的责任书"，完成后张贴展示。	内化知识，提高执行力，培养责任担当意识。

1. 责任

责任是指一个人不得不做的事或一个人必须承当的事情。例如：社会责任、家庭责任。一是指分内应该做好的事，如履行职责、尽到责任、完成任务等；二是指如果没有做好自己工作，而应承担的不利后果或强制性义务，如担负责任、承担后果等。

2. 故事

最美司机吴斌

2012年5月29日，杭州司机吴斌载着24名乘客的大巴从无锡返回杭州。突然，从前方车道上，飞来一个大铁块，瞬间击碎前挡风玻璃，砸中了吴斌的腹部和手臂，当时吴斌被砸得肝脏破损，肋骨骨折，肺、肠严重挫伤。可让人震惊的是，他忍住疼痛，先把大巴车缓缓停下，然后拉上手刹，开启双闪灯，艰难地站起来，告诉乘客注意安全，在生命最后的关头，保证了车上乘客的安全，而他自己却因抢救无效，与世长辞。事后人们得知，他身上多处受伤，出血量达到几千毫升，甚至瞬间的剧痛都足以让人失去知觉，可是他要用怎么样的意志力才能做完一系列动作？

3. 小活动

责任担当——吸管传输

全班分成相同人数的若干组，每人嘴里叼一支吸管，第一个人在吸管上放一个有一定重量的钥匙环之类的东西，当比赛开始时，大家不能用手接触吸管和钥匙环，而是用嘴叼吸管的姿势把钥匙环传给下个人，直到传到最后一个人叼的吸管上，用手接触吸管或钥匙环，每人每次加5秒时间，用时快的组获胜。

做好自己，携手共进

【活动背景】

随着社会的飞速发展，"在合作竞争中共同发展"的理念越来越深入人心。"新德育""新课程"特别注重学生合作意识、态度、能力。多给学生创造合作共事的机会，"在合作中学会合作"是提高合作素养的根本途径。然而，现实中我们发现，学生在合作完成一项任务的过程中，有的团队意识不强，不会为集体目标而做好自己的本分，从而拖了整个班级的后腿；有的总担心别人做不好而把眼睛盯在别人身上，这往往导致大家相互指责和抱怨，影响了整个任务的顺利完成，也不利于班级凝聚力的形成。本活动旨在让学生在深入体验中感悟其中的道理，改变行为方式；在交流与分享中调整认知，形成正确的合作态度，实现共同进步的目标。

【活动目标】

1. 知识与技能

认识个人与团队的关系，懂得做好自己对团队合作的重要性，提高合作意愿和合作能力。

2. 过程与方法

体验相互指责与抱怨对团队合作的危害，自我内省不足，自觉调整自己的行为方式。

3. 情感态度与价值观

体验感受团队合作带来的快乐与成功感，培养团队合作意识，提升参与团队建设意识。

【活动对象】

初二年级学生。

【活动形式】

游戏、讨论、小活动、感悟分享。

【活动准备】

收集学生的活动相片、1米长的PVC管若干条、行动卡。

【活动过程】

活动环节	教师活动	学生活动	设计意图
情境融入（我与团队）	1.热身游戏：按摩操。带领学生一起做按摩操。 2.班级回忆：展示集体活动照片，引导学生思考个人与团队的关系。	1.分成两组，每组围成一圈，将双手搭在前面一人的肩上，随老师的指令为其按摩。 2.小组讨论：集体活动中，个人的表现对团队目标的实现有什么关系？	渲染气氛，感受团队，导入气氛，学生初步了解个人与团队的关系。
体验认知（同心协力）	1.木桶原理：展示原理，引导学生思考问题。 2."同心杆"游戏：介绍活动规则，找学生做示范。提醒学生团队合作。	1.学生看图片，思考：你是其中的哪一块木板？为什么？我们希望木桶装更多的水，有哪些好办法？ 2.小组参与活动，体验并分享心得：活动中自己的表现如何？"同心杆"怎样才能同心？	了解做好自己对团队成功的重要性。体验团队如何合作。
感悟升华（做好自己）	1.问题所在：引导学生反思自己在班级建设中的不足之处。 2.做好自己：邀请学生开展"做好自己"一分钟演讲。	1.学生个人反思自己在班级建设中的不足之处，并邀请组员批评指正。 2.小组内组织"做好自己"一分钟演讲。各组选派一名学生代表小组演讲。	促进学生自我内省。
内化促行（携手共进）	携手共进：建议各小组制作"携手共进"行动卡。	学生个人制作填写"做好自己"卡片，各小组共同制作完成"做好自己，携手共进"行动卡，班级展示，组员督促执行，期末总结汇报，表彰先进。	制订具体有效的行动计划。把活动中的感悟转化成行动。

1. "同心杆"游戏

（1）伸出右手，手心向下，每人平伸一根食指托住同心杆，指头要求平均分布在杆子上。

（2）杆起始高度与小组中最矮者的眉毛等高。

（3）如果出现脱杆、勾杆、夹杆、压杆的现象，需要重新开始。

（4）除了"下"和"停"两个字以外，整个过程任何人不许说话，否则重新开始。

（5）以小组所有人的食指着地为成功。

2. 行动卡

做好自己

　　我是班级的一员，我的表现直接影响班级前进的步伐。为了班级的目标，为了让自己变得更好，我决定，在＿＿＿＿＿前，我必须要做到：＿＿＿＿＿＿＿＿＿＿＿。为了见证我的决心，我邀请＿＿＿＿＿提醒我将行动进行到底。

行动人：＿＿＿＿＿

＿＿＿年＿＿月＿＿日

用智慧和法律保护自己

【活动背景】

面对复杂多变的社会环境，初中学生由于社会阅历和生活经验有限，往往容易受意外事故和社会不良行为的侵害。提高青少年自我保护意识，掌握懂得自我保护方法和技巧就显得尤为关键。班主任要设计班会课，通过活动帮助学生了解可能受到的侵害，增强警惕性，让学生初步认识和理解社会生活的复杂性，具有基本的道德判断和辨别是非的能力，运用智慧保护自己，增强自我保护意识，知道保护青少年合法权益的专门法律，学会拿起法律武器保护自己的合法权益不受侵害。

【活动目标】

1. 知识与技能

通过活动让学生懂得提高警惕是避免侵害的前提的道理，懂得运用法律武器保护自己合法权益，掌握保护自己方法的具体措施，提高应对能力。

2. 过程与方法

在小组合作探究中提高道德判断和辨别是非的能力，在案例研讨中掌握应对险情的方法，学会运用科学有效的方法保护自己，能列举方法。

3. 情感态度与价值观

通过活动，学生能体验到自我保护的重要性和必要性，树立自我保护的意识、勇气和信心，培养自我保护意识。

【活动对象】

初二年级学生。

【活动形式】

创设情景、小组合作探究、案例分析。

【活动准备】

收集并设计不同的情景或案例。

【活动过程】

活动环节	教师活动	学生活动	设计意图
情境融入（爱护自己）	欣赏歌曲《猜猜我是谁》，通过歌曲和歌词让学生感悟。提问："同学们，通过刚才的歌曲和歌词，你听到了什么信息或想到什么？"	请学生谈自己的感受或体会，及时给学生的回答给予肯定并补充。	初步认识社会生活的复杂性；认识到保护自己的重要性。
体验认知（智慧保护）	1.情境一 问题一：夏雪的做法对吗？哪些做法不对？为什么？从夏雪身上你得到了哪些启发？ 2.情境二 问题二：请您为身处险境的夏雪想想办法，怎样帮助夏雪脱离魔掌？	1.学生自主探究答案，小组讨论，得出结论一：发生侵害前，保持高度警惕。 2.小组长组织组员列举智慧应对的办法，看哪个小组能想出最好、最多、最全面、最安全的方法和措施。	培养学生辨别是非的能力，学会采取最恰当的方法保护自己。
感悟升华（依法保护）	情境三： 问题三：结合情境，你同意哪个人的说法？为什么？	小组讨论后，组长整理关键词，整理出小组的观点。	克服恐惧、害怕打击报复等心理，树立依法维权的意识。
内化促行（法律保护）	1.考考我们的智慧：遇到不同的险情时，我们应怎样做？ 2.掌握技巧：播放番禺警讯《防骗style》。	1.小组抽签，讨论，汇集小组智慧找出解决抽到的情境的办法和措施，写在预发的卡纸上。 2.学生观看视频，总结罗列保护自己的方法技巧。	更进一步引导学生学会用智慧和法律保护自己。

1. 情景一

电视剧《家有儿女》里有个小女生，她的名字叫夏雪，夏雪是大石中学的一名初中生。今年寒假的一天，夏雪接到了一个陌生的深圳电话，电话里传来一个男人的声音，他对夏雪说"我是深圳的亲戚，猜猜我是谁"。夏雪听声音，以为是自己在深圳工作又很久不见的表哥，于是试探性地问对方是否是表哥张军。对方马上应答夏雪，自称自己是表哥张军。在"表哥"的要求下，夏雪加了"表哥"的微信，在微信里，夏雪告诉了"表哥"关于她的所有详细情况，并经常聊天，无话不谈。

一天，微信里"表哥"称因为车祸住院，以急需住院费用为由，要求夏雪拿多年积蓄的过年红包钱转账给他，夏雪不假思索地拿了2万元到银行转账，银行工作人员劝说夏雪不能向陌生人转账。"表哥"又要求夏雪坐车到深圳人民医院送医药费，夏雪毫不犹豫地上了去深圳的汽车……

2. 情景二

夏雪坐车赶到深圳医院，发现自称"张军"的并非自己的表哥，这时候她才恍然大悟，自知上当受骗，想脱身离开，但"表哥"却用小车把夏雪押送到一出租屋里。原来"表哥"是传销集团头目，他把夏雪身上的2万多元洗劫一空，强迫夏雪加入传销队伍，并让她继续骗取其他人的信任，使其加入这个非法传销组织中来。夏雪反抗不从，"表哥"边说边用一把小刀对着夏雪晃来晃去，这时的夏雪才意识到遇上歹徒了，心里想，谁来帮我脱离魔掌呢？

…………

3. 情景三

幸运的是，一个晨练的老人发现了夏雪的求救信号，及时拨打了110，歹徒被抓获，这个传销集团终于被捣毁，夏雪终于脱离了危险回到家。

第二天，跟家里人说起这件事的时候，她又困惑了，因为家人有不同的解决方法。

爸爸夏东海说："告他去，索要回属于你的2万元！"

弟弟刘星说："告他没用！还不如我帮你请几个哥儿们揍他一顿解解气！"

小弟夏雨却说："你能斗得过他？自认倒霉吧！"

4. 考考我们的智慧：遇到不同的险情时，我们应该怎样做？

不同侵害	应对方法
1.当我们在回家路上被人跟踪时	
2.当我们独自在家时，自称是小区保安来敲门	
3.当我们发生交通意外，不幸受伤时	
4.当同学要求你借一大笔钱给他时	

（本课设计者：陈顺英）

73

阳光男孩、女孩

【活动背景】

到了初二，随着年龄的增长，男女生开始对异性同伴产生朦胧的神秘感和渴望，一方面是对异性充满好奇和羞怯，另一方面是渴望吸引异性的注意力。部分学生异性交往方面会出现心理困惑，不懂得如何正确交往，甚至会出现不良倾向，出现交往过密、恐惧等问题，对班级发展产生负面影响。如果不及时引导，不利于学生的心理健康成长，或者影响班风、学风，影响班级团结。班主任要设计班会，帮助学生学会正确认识男女生之间的异同，了解男女生交往原则，引导学生正确对待男女生之间的相互欣赏和好感，培养健康的人际交往观念，养成良好的、正确的异性交往习惯。

【活动目标】

1. 知识与技能

引导学生正确认识异性交往原则、交往方法，正确认识青春期性意识的萌动，提升处理好异性交往中的各种烦恼和挫折的能力。

2. 过程与方法

通过案例分析引导学生增进对异性的了解，正确对待男女生之间的相互欣赏和好感，通过辩论正确区分交往方式。

3. 情感态度与价值观

增强辨别是非的能力和自我保护能力，增强心理承受力，形成健康的异性交往观念，培养健康的人际交往价值观。

【活动对象】

初二年级学生。

【活动形式】

情景分析、案例解读、辩论。

【活动准备】

情景设置、案例收集。

【活动过程】

活动环节	教师活动	学生活动	设计意图
情境融入（男女有别）	活动：握手和拥抱。建议同桌之间用握手和拥抱感谢支持和帮助。 提问：异性同座之间能坦然接受拥抱吗？	学生完成活动。邀请男女同座的学生谈自己的感受，得出结论：男女有别，不能随意拥抱。	用活动活跃课堂气氛，引入主题，吸引学生兴趣，期待参与课堂。
体验认识（男女生交往）	1.判断：情境1、2、3、4。问：男女生正常交往有什么正向作用？男女生交往要注意什么事项？ 2.原则：男女生交往要遵守哪些原则和方式。	1.小组研讨，判断情境中的现象，并给出判断依据。 2.各小组讨论商定交往原则、方式，组长总结汇总。	分析情境，认识男女生正常交往的正向作用并掌握交往原则与方式。
感悟升华（正确交往）	1.案例：王薇的烦恼。问：你是王薇，你怎么办？ 2.辩论：早恋的利与弊。组织不同意见的学生开展辩论。	1.小组分析案例，讨论解决方案。各小组分享方案，说明依据。 2.学生根据自己的意向，选择立场，开展小辩论。	引导学生正确对待好感，辨析男女生交往的正确方式。
内化促行（阳光男女生）	1."阳光男生"评选活动。 2."阳光女生"评选活动。公布评选意向，组织学生商定评选的具体事项。	小组商定"阳光男生、女生"的评选标准、形式，确定评选范围和时间。	增加正向引导作用，培养积极向上、乐观进取的精神。

1. 情景

情景1：全班同学在一起进行郊游活动，一对男女同学却总是独自在一起。

情景2：为了讨论班上活动安排，班长（男）请文娱委员（女）傍晚到湖边进行讨论。

情景3：课堂上，一位男同学向旁边的女同学求教，女同学给予讲解。

情景4：班级里有对男女生在讨论学习问题，几个同学看到后说他们在谈恋爱，从此这两位同学不敢说话了。

2. 案例

女生王薇是一个容貌秀丽、品学兼优的班干部，与学习困难的男生李伟同桌，李伟经常向王薇请教学习上的问题，或者借一些学习用品。王薇正在做数学作业，一张小纸条悄悄地传到她的面前，字条上写着："请放学后到青年公园门口相会，经常接受你帮助的人"。

王薇心里"咯噔"一下，脸唰地红了，不知如何是好。

王薇面临多种选择：

A. 接受他的邀请，放学后去谈心，两相情愿。

B. 当众拒绝，或者把这件事情告诉同学。

C. 把信交给老师，让老师批评他，以后再也不理他。

D. 给他写一封信，言辞恳切地表明自己不愿意超越正常交往关系的态度。

3. 异性交往有原则

真诚大方，坦然交往；

相互体谅，彼此尊重；

保持距离，把握尺度。

4. "阳光男生、女生"评选

活动项目	阳光男生	阳光女生
活动时间	一个月	一个月
评选对象	全体男生	全体女生
评委	全体学生	全体学生
评选标准	大气、阳光、开朗、合群、勇敢、幽默、有爱心、敢做敢当、乐于助人、有男子汉气概……	阳光、开朗、乐观、端庄、大气得体、落落大方、善解人意、自尊自爱、乐于助人、极富爱心……

谈情说爱

【活动背景】

进入青春期，初中生容易对异性产生朦胧的情感。在他们看来，这就是他们眼中的"爱情"，而真正的爱情是什么？如何树立正确的爱情观？爱情教育的目的不是鼓励孩子们去尝试谈恋爱，而是让他们在爱情观方面得到正确的疏导，让孩子们懂得爱，懂得美，获得幸福的人生。我们要积极主动地站在学生的立场，带领他们认识爱情，这也是作为青春期学生的班主任必须承担的一课。本次班会课是要用"理解、尊重"的态度，把爱情讲得美好、公开、自然，将他们青春的觉醒、爱情的萌动，向精神层面上提升。

【活动目标】

1. 知识与技能

初步了解爱情的含义，懂得爱情需要等待和珍惜。

2. 过程与方法

运用故事、评测等方法帮助学生逐步发现爱情的真实含义。

3. 情感态度与价值观

体会到爱情的美好与纯洁，体会到爱情的责任与承担；通过自省，能对现阶段的自己是否适合谈恋爱做出初步判断；培养健康的爱情观。

【活动对象】

初二年级学生。

【活动形式】

阅读感悟、故事分享、调查报告、自我评测。

【活动准备】

问卷调查、学生采访家长、制作采访视频、课前提供阅读材料（《苏霍姆林斯基给女儿的信》和《致橡树》）。

【活动过程】

活动环节	教师活动	学生活动	设计意图
情境融入（了解爱情）	1.见面礼：引导男女生有礼貌地打招呼。 2.随机问学生此刻心情。 3.（班会课前开展"有关中学生恋爱现象"的问卷调查。）邀请学生进行问卷调查的数据分析汇报。	1.男女生大方得体地互相打招呼。（微笑、点头、说："你好，很高兴认识你，我叫……"） 2.谈谈自己在刚才的活动中的心情。 3.请一名同学做调查汇报，其他同学聆听。	利用调查报告了解同伴们对中学生恋爱现象的一些看法。
体验认知（认识爱情）	1.听妈妈的话：播放三位妈妈的采访视频。 2.听学生说的话：引导学生对爱情这个词语进行快速联想。 3.爱的分享：引导学生互相分享课前准备的有关爱情的故事或诗歌等。	1.观看《听妈妈的话》视频。 2.结合视频以及自己的理解，快速联想爱情一词，说出自己的关键词。 3.前后的同学互相分享让自己心动的爱情故事或诗歌等，再与大家分享。	逐渐认识到"爱情"的美好在于相守，在于尊重，在于责任。
感悟升华（尊重爱情）	组织心灵自助测试并引导学生思考如何在现阶段理性面对爱情。	完成心灵自助测试并进行自我反思。	理性对待青春觉醒、爱情萌芽。
内化主题（珍惜爱情）	1.老师总结以及漫画分享。 2.组织"时间盒子"活动。	1.聆听和感悟。 2.写下"给自己的情书"，投入"时间盒子"。	让美好的情感在学生心中发芽，知道爱情需要等待和珍惜。

1. 心灵自助测试

爱情不是游戏，不妨通过以下的自我测试看看是否已经准备好或者适合谈恋爱。下列各项，在你同意的选项旁打钩。（请诚实作答，结论不需要公开）

（　　）我了解自己吗？

（　　）我能说出自己的理想、目标、性格、优点和缺点吗？

（　　）我有独立处理问题的能力吗？

（　　）我有勇气面对困难和承担责任吗？

（　　）我懂得接纳、欣赏自己和别人吗？

（　　）我的思想和行为成熟吗？

（　　）我愿意为所爱的人做出贡献和牺牲吗？

（　　）我懂得去爱和关心别人吗？

（　　）我有足够支持恋爱花费的经济能力吗？

结论：

（　　）我现在还不适合谈恋爱，首先要提高自己。

（　　）我现在可以谈恋爱，但仍要多听长者的意见。

（　　）我还没弄清楚，需要多想想。

如果以上部分的结论是可以谈恋爱，请你写出你打算如何做？如果以上部分的结论是不适合谈恋爱，请写出你打算如何做。

2. 时间盒子

在信纸上写上本节课的心得，可以是对爱情的体会和理解，可以是对未来另一半的憧憬。然后投进"时间盒子"，由老师保管，承诺大家在初三毕业时再解封发回给大家。

（本课设计者：汤丽华）

践行核心价值观

【活动背景】

积极培育和践行社会主义核心价值观是学校落实立德树人根本任务的核心要求。学校要积极把社会主义核心价值观融入教育全过程，把社会主义核心价值观作为德育的核心内容，并确保把社会主义核心价值观落到实处，引导学生牢牢把握国家层面的价值目标，深刻理解社会层面的价值取向，自己遵守公民个人层面的价值准则。班主任可以通过活动帮助学生了解本社区践行社会主义核心价值观的活动，了解我国优秀传统文化，培养爱国、爱人民、爱社会的情感，努力践行社会主义核心价值观。

【活动目标】

1. 知识与技能

了解社区践行社会主义核心价值观的活动，加深对价值观的理解，了解社会主义核心价值观践行途径，宣扬典型事例，弘扬优秀传统文化。

2. 过程与方法

了解社区新闻，以记者身份报道所处社区、学校开展的践行社会主义核心价值观的活动，用演讲的形式倡议，以实际行动践行社会主义核心价值观。

3. 情感态度与价值观

体会本社区名人的爱国精神，提高践行社会主义核心价值观觉悟，培育践行社会主义核心价值观意识。

【活动对象】

初二年级学生。

【活动形式】

报道、演讲、制作手抄报。

【活动准备】

学生课前了解社会主义核心价值观践行途径，学生课前了解社区、学校开展的践行社会主义核心价值观的活动。

【活动过程】

活动环节	教师活动	学生活动	设计意图
情境融入（新闻报道）	1.新闻报道：介绍网络报道的社会各行各业践行社会主义核心价值观活动。 2.身边新闻：引导学生谈谈身边践行社会主义核心价值观的活动。	1.学生回顾社会主义核心价值观的内容。 2.学生以记者身份报道所处社区、学校开展了哪些践行社会主义核心价值观的活动呢？体现了核心价值观的哪一个内容？	了解新闻报道，谈谈身边活动。
体验认知（名人故事）	1.听一听：讲述抗日爱国武术家黄啸侠的故事。 2.议一议：邀请学生谈谈武术家黄啸侠的爱国精神。	1.学生听故事。 2.各小组结合故事谈谈抗日爱国武术家黄啸侠值得学习的精神。	了解本地名人故事，加深理解。
感悟升华（倡议宣扬）	1.学一学：引导学生了解社会主义核心价值观践行途径。 2.说一说：指导学生发表简短演说，向全校同学倡议以实际行动践行社会主义核心价值观。	组内交流拟定演讲稿件，以学校学生会主席的身份发表短篇演说。每组选出一名代表上台展示。	深入了解价值观践行途径。
内化促行（培育践行）	1.做一做：指导学生课后收集身边践行社会主义核心价值观的典型事例，制作一份手抄报。 2.写一写：指导学生课后选取并弘扬一个中国优秀传统文化节日。	1.以小组为单位，制作手抄报，宣扬践行社会主义核心价值观典型事例。 2.选取认为最能体现中国优秀传统文化的节日，挖掘深刻内涵研讨途径，设计方案，弘扬优秀传统文化。	宣扬典型事例，弘扬优秀传统文化，践行社会主义核心价值观。

1. 新闻报道

2017年1月8日晚上，广州市番禺朗诵歌唱艺术协会在番禺区政府会议中心举办了一场《唱响社会主义核心价值观、携手共筑中国梦》新年音乐会。

2018年10月17日上午，广州市番禺区妇联、区妇女儿童发展促进会走进石碁敬老院开展慰问演出活动，为老人们送上了欢乐和温暖。

广州市番禺区司法局多措并举开展2019年春节普法宣传活动。

2. 名人故事

发掘和传承黄啸侠精神，培育番禺文化品牌

如果讲起番禺的名人，大家一定会想到耳熟能详的冼星海。其实，番禺还有一个曾经在全国都闻名的人，他的名气不亚于冼星海，他就是抗日爱国武术家——黄啸侠。

黄啸侠，1900年生于番禺石碁镇莲塘村，是一位享誉国内外的武术大师，更是抗日爱国知名人士，被武坛誉为"铁臂鸳鸯手"和"南方五虎将"之一。新中国成立前曾任广州民体会武术教练、国术部主任，新中国成立后历任广东省武协主席、广州市武协主席、广州武术队教练和广州体育学院教授等职。国内武术界对他的公认评价是精通武艺，熟悉气功，技贯南北，术通中外。

1937年日寇侵华，黄啸侠满怀救国的雄心壮志，创编了专门克制日军刺刀的"抗日大刀法"，组织抗日大刀队，亲自传授，发动群众练武卫国。受训毕业的学员分赴各地训练抗日军民，在淞沪战役中，十九路军的广东子弟兵夜闯军营挥大刀勇杀日寇，令日军闻风丧胆。

1957年，黄啸侠参加全国第一届武术观摩会荣获金牌，也是广东武术运动员在新中国成立后全国比赛中的第一枚金牌。赛后，时任国家公安部部长贺龙元帅认为黄啸侠的练步拳实战性强，适合公安干警使用，邀请黄啸侠为全国公安干警传授练步拳和擒拿术。

黄啸侠自创的拳法独树一帜，自成一家，《黄啸侠拳法》由国家体委命

名，并列入中国传统武术系列的独立拳种。2008年，广州市体育局、市武协等组织追授予黄啸侠"武术特殊贡献奖"。2011年，《黄啸侠拳法》被列入番禺区非物质文化遗产。黄啸侠不仅武艺超群，更是热爱祖国、热爱家乡，为人勤俭节约、温厚待人、乐于奉献，确实是我们学习的楷模。

黄啸侠及其精神不仅是石碁镇财富，更是全番禺人的宝贵财富。

下 篇

初中三年级

年级特点分析

敏感叛逆、渴望理解、忧虑学业的初三年级。

初三年级的学生有理想、有朝气，精力旺盛、情感丰富，心理趋于定型，学习兴趣基本稳定，思维活动已达到抽象概括的水平，自我意识向独立成熟方面发展。他们逐步产生成人感；他们渴望得到尊重，渴望得到理解宽容；由于升学的压力，他们忧虑自己的学业和前途。

班会课设计

初三年级的学生多了一份对未来的期望和憧憬。我们要抓住一切有利的机会，对学生进行人生目标理想教育，帮助他们学会逐步适应生活、学习的各种变化，培养抗挫折能力，为将来的学习和生活培养良好心理素质。初三年级的班会课主题确定为目标理想教育和心理品质培养。

为理想而奋斗

【活动背景】

初三年级的学生正值花季，多了一份对未来的期望和憧憬，是人生观形成的重要时期。班主任老师要抓住一切有利的机会，对学生进行人生目标理想教育。通过班会活动，结合真人真事，让学生知道理想对于人生的意义，坚定勇往直前的信心，在追逐理想的道路上坚持不懈。帮助他们学会逐步适应生活、学习的各种变化，培养抗挫折能力，帮助他们培养勇于探索的精神，为将来的学习和生活培养良好的心理素质，帮助学生树立人生奋斗目标、学习目标，树立正确的世界观、人生观、价值观，为实现人生理想而奋斗。

【活动目标】

1. 知识与技能

通过活动帮助学生认识理想对人生的重要意义，了解掌握实现理想的方法，提高实现理想目标的信心和能力。

2. 过程与方法

以榜样的力量激发学生树立理想的热情，联系实际，让学生看到自身的不足，引导学生树立起21世纪主人翁精神，为振兴中华而努力学习。

3. 情感态度与价值观

克服通往理想路途中的困难，树立正确的世界观、人生观、价值观，培养为理想努力奋斗的精神。

【活动对象】

初三年级学生。

【活动形式】

辨析、观影。

【活动准备】

收集名人故事、学生向家长了解自己名字的真实含义、收集励志视频并剪辑片段。

【活动过程】

活动环节	教师活动	学生活动	设计意图
情境融入（认识理想）	1.辨析：我的梦想与我的理想。邀请学生谈谈自己的梦想与理想。 2.崇高的理想：讲述名人的理想。	1.学生根据自己的了解解释梦想与理想的区别。 2.了解名人的理想故事，讲述自己的见解。	辨析概念，正确认识与区分梦想与理想。用名人故事激励学生。
体验认识（畅谈理想）	1.名字的含义：邀请学生解释自己名字的含义。 2.畅谈理想：邀请学生谈自己的理想。	1.学生畅谈自己名字的含义，讲述家长对自己的期望。 2.学生小组为单位畅谈自己的人生理想以及短期目标。	铭记家人对自己的期望，确定自己的人生奋斗理想以及中考目标。
感悟升华（实现理想）	1.励志视频：播放《背起爸爸上学》片段，介绍影片故事大概内容。 2.实现理想：讨论理想实现过程中会遇到的阻碍，并研讨对策。	1.小组交流，各组派代表发言，谈谈自己感受最深的内容。 2.小组讨论汇总实现理想过程中的阻碍以及各组的应对策略。	观看电影，感受主人公的拼搏与奋斗精神，进一步激发学生勇敢面对苦难的决心与信心。

续 表

活动环节	教师活动	学生活动	设计意图
内化促行（奋斗理想）	1.互相激励：邀请学生在"班级理想蓝图"中写出人生理想以及近期中考的奋斗目标。 2.心得分享：邀请学生在家观看电影《风雨哈佛路》，准备分享心得体会。	1.同学之间击掌互相激励，为实现自己的理想以及中考目标加油。 2.学生回家观看电影，写观后感，准备分享心得体会。	强化班级共同奋斗的激情氛围，互相激励、共同进步，懂得依靠努力才能实现理想。

1. 辨析

梦想是人类对于美好事物的一种憧憬和渴望，有时梦想是不切实际的，以现在自己的能力，即使很努力和有很好的规划，也很难实现的一种想法。梦想是人类最天真、最无邪、最美丽、最可爱的愿望。

理想是一个人对未来事物的想象，多指有根据的、合理的，以现在自己的能力，很努力和有很好的规划，可以实现的一种想法。

2. 崇高的理想

周恩来："为中华之崛起而读书"。

周恩来从小志高，12岁就发出"为中华之崛起而读书"的誓言。1911年年底，周恩来在沈阳东关模范学校上学。这一天，魏校长亲自为学生上修身课，题目是"立命"，当时正是中国社会发出剧烈变动的时期。孙中山领导的辛亥革命刚刚推翻了清朝政府，结束了中国两千年的封建统治。

3. 为理想奋斗

钱学森一片丹心向祖国

1949年中华人民共和国成立，在美国待了近20年的钱学森异常兴奋。在新中国诞生的第6天，钱学森夫妇就萌发了一个强烈的念头：回到可爱的祖国，为新生的共和国贡献自己的智慧和力量。但回国道路充满着曲折和艰辛，钱学森遭到美国移民局的刁难。但重重磨难并没有泯灭钱学森夫妇返回祖国的坚强意志。1955年，饱受磨难、归心似箭的钱学森向祖国发出了求救的呼声，中国政府出面通过谈判设法营救他回国。终于在这年9月，经过长达5年多斗争的钱学森夫妇回到了祖国的怀抱。

4. 励志视频

背起爸爸上学

本片根据真实故事改编。农村孩子石娃（赵强）自幼丧母，与父亲（江化霖）和姐姐（颜丹晨）相依为命的他长到七岁时，为生活所困的父亲再也拿不出足够的钱供他和姐姐同时读书，成绩优异的姐姐辍学，父亲叮咛石娃好好读书。石娃上初中时，姐姐为给家中节省开支早早出嫁，并从男方出的彩礼钱中挤出一部分供他念书。懂事的石娃刻苦读书，在全国化学奥林匹克竞赛中夺得一等奖第三名的好成绩，并考取了省城师范学校，但此时父亲却在干活时不幸摔伤，终身瘫痪在床，为了照顾好父亲又不耽误学业，石娃决定背起父亲上学。

风雨哈佛路

这是一部美国催人警醒的励志电影。影片由Peter Levi执导，索拉·伯奇（Thora Birch）、迈克·里雷（Michael Riley）等主演。影片介绍了一位出生在纽约的女孩莉斯（Liz）经历人生的艰苦和辛酸，凭借自己的努力，最终走进了最高学府的经历。

电影名字	《风雨哈佛路》
观影时间	
观后心得	

激励你我前行

【活动背景】

初三年级是人生道路转折点，学生开始思虑前途。面对来自自己以及家长的升学压力，部分学生由于对自己的优势不明了，担心成绩，忧虑前途，会出现心神不宁等现象，影响学习，部分学生甚至会出现气馁、放弃努力的现象，不利于备考工作的正常开展，不利于身心健康成长。班主任要开展活动帮助学生认识自我，寻找优势，挖掘潜力，明确特点，合理定位，并自觉运用各种形式自我激励，营造氛围，克服焦虑，让学生看到希望，有所期望，快乐学习，增加情感投入，培养乐学精神，培养积极向上的态度，逐步确立自己的奋斗目标，发展自我，自我成长。

【活动目标】

1. 知识与技能

通过活动帮助学生了解、认识初三年级学习的特点，了解认识自己的优势、潜力，提升自我定位、自我发展、自我成长的能力。

2. 过程与方法

在活动中帮助学生逐步提高理解水平，利用多种形式帮助学生激励自己，发现自己的优势，不断学习、顿悟和内化。

3. 情感态度与价值观

营造良好、紧张的学习氛围，体验快乐、紧张学习带来的成就感，增加情感投入，培养乐学精神，培养积极向上的情感态度，逐步确立自己的奋斗目标。

【活动对象】

初三年级学生。

【活动形式】

活动、讨论、分享。

【活动准备】

学生制作卡片、玻璃杯和回形针、宣传委员设计黑板报。

【活动过程】

活动环节	教师活动	学生活动	设计意图
情境融入（初三特点）	1.引导小组共同寻找初三学习、生活的特点。2.引导学生归纳关键词。	1.小组讨论，列出初三的关键词5个。2.每组解释所选关键词的原因所在。3.逐个删除，只剩下一个。	了解初三应有的状态和特点，帮助学生进入角色，及早适应初三紧张的生活。
体验认知（挖掘潜力）	1."水的张力"：演示活动，邀请个别学生尝试实验。2."你的潜力"：指导小组成员寻找同伴的优势，做好记录。3."我的潜力"：指导学生测试拍手掌的次数。	1.各组学生参与实验，尝试完成任务，并思考问题：实验说明了"水"的什么特性？2.小组采用头脑风暴的形式罗列同伴的优势和潜力，个别小组展示组员的潜力。3.学生参与拍手掌次数统计活动，感知自己的潜力。	帮助同学寻找优势，挖掘潜力，认识自己，合理定位，提升信心。
感悟升华（激励你我）	"激励你我"：指导学生完成激励卡片，邀请学生张贴在课室后面黑板上，及时拍照存档留念。	1.学生在自己的卡片上写下激励自己的句子，并邀请三个同学或老师为自己写寄语。2.把激励卡粘贴到黑板。	用言语激励自己，激励同学，互相鼓励，共同进步。
内化主题（激励前行）	"激励前行"：建议全体学生一起讨论课室的布置、家里自己书房的布置，创设各种学习氛围，激励自己学习。	学生小组讨论如何营造氛围：张贴班级发展目标、励志口号，邀请学科老师激励，邀请家长监督执行学习计划等。	利用多种形式激励自己，营造良好、紧张的学习氛围，增加情感投入，快乐学习。

1. 水的张力

用水装满玻璃杯，然后逐步把一些回形针放进玻璃杯，由于水的张力，可以放进大约100—200个回形针。

2. 我的潜力

（1）学生猜测自己一分钟鼓掌的次数并记录下来。

（2）在老师的指引下，使劲用力快速鼓掌10秒，记下次数。

（3）将鼓掌次数乘6，就是一分钟自己鼓掌的次数。

多数学生实际鼓掌的次数都会比猜测的次数多两到三倍，说明我们认识不到自己身上的巨大能量。

依计划行事

【活动背景】

初三学生在确定目标后，由于不会制定详细、具体、合理的、有效的学习计划，往往导致学习效率不高，学习时间安排不当等现象发生，影响了学习效果，甚至影响目标的实现。班主任要及时调查了解班级学生情况，设计班会课，通过多种教育形式帮助学生认识计划对于完成任务达成目标的重要性，了解制订计划的步骤，准确根据自己的实际能力和习惯制订计划，并检验计划的可行性和合理性，提高制订学习计划的能力，树立完成任务的信心，信心百倍地实施计划，提高学习效率，提高任务达成的成功率，培养总体规划和阶段计划意识。

【活动目标】

1. 知识与技能

了解认识计划对于完成任务的重要性，了解统筹方法的概念及基本的制订计划的步骤，提高制订计划的能力，提高安排生活、学习的能力。

2. 过程与方法

通过案例分析了解认识制订计划的注意事项，结合实际情况制订学习计划，小组讨论完善计划。

3. 情感态度与价值观

体验合理计划对于完成任务的重要性，感受过程中计划修改的必要性，培养规划意识。

【活动对象】

初三年级学生。

【活动形式】

案例分析、小组讨论。

【活动准备】

要求学生课前查阅有关计划的资料、查阅统筹方法的有关资料。

【活动过程】

活动环节	教师活动	学生活动	设计意图
情境融入（重要性）	1.情境分析：邀请学生分析情境中学生时间安排存在的问题。 2.了解计划的重要性：邀请学生讲述自己对计划的认识。	1.学生结合自己的情况，分析情境中学生存在的问题，并分析原因。 2.学生根据查阅的资料讲述自己对计划的见解。	情境分析，查阅资料，了解明确计划对于学习生活的重要性。
体验认识（合理性）	1.统筹方法：介绍统筹方法，邀请学生完成"泡茶程序"。 2.策划活动：邀请学生策划一个课间5分钟活动。	1.了解统筹方法，尝试完成"泡茶程序"。 2.学生个人完成课间5分钟活动策划，小组讨论，组长汇报。	策划活动，学习合理制订计划。
感悟升华（可行性）	1.案例分析：指导学生分析小强的每日学习计划的可行性。 2.引导学生讨论制订计划需要注意的事项。	1.学生探讨案例中学习计划的可行性，分析并给小强提出修改意见。 2.小组讨论制订计划的注意事项，组长总结汇报。	分析计划的可行性，了解制订计划的注意事项，提高计划的有效性。
内化促行（执行力）	1.学习计划：要求学生根据表格内容制订学习计划。 2.实施和监督：建议班干部拟定一个计划实施评选方案，表扬优秀。	1.学生根据自己的学习特点、学科发展以及学习目标制订合理的计划，小组交流并给出修改意见。 2.课后班干部讨论并拟定评选方案。	结合实际情况制订计划，小组完善计划，班级表扬优秀，激发进取心。

1. 情景分析

帮助下面的学生分析一下他们在学习安排上存在的问题。

（1）放学后玩球，天不黑不散。

（2）无时无刻不看小说。

（3）每天都与同学通过QQ和微信聊天。

（4）天天看电视、看电影。

（5）睡觉前必定玩游戏一个小时。

（6）晚上六点开始做作业直到12点。

2. 统筹方法

统筹方法，是一种安排工作进程的数学方法。它的适用范围极广泛，在企业管理和基本建设中，以及关系复杂的科研项目的组织与管理中都可以应用。怎样应用呢？主要是把工序安排好。

"泡茶程序"：开水没有，水壶要洗，茶壶茶杯要洗，火生了，茶叶也有了。

办法甲：洗好水壶，灌上凉水，放在火上；在等待水开的时间里，洗茶壶、洗茶杯、拿茶叶；等水开了，泡茶喝。

办法乙：先做好一些准备工作，洗水壶，洗茶壶茶杯，拿茶叶；一切就绪，灌水烧水；坐待水开了泡茶喝。

办法丙：洗净水壶，灌上凉水，放在火上，坐待水开；水开了之后，急急忙忙找茶叶，洗茶壶茶杯，泡茶喝。

3. 策划活动

策划一个课间5分钟活动，需要按照顺序安排下面的5个内容，并说出理由。

（1）背诵3个单词：rule，success，thoughtfulness。

（2）把笔和语文课本借给后面的同学。

（3）告诉同桌你的寒假旅游目的地、时间以及和谁去。

（4）准备好下一节英语课的学习用具。

（5）问问同学今天的物理和数学作业。

4. 小强的每日安排

小强为了尽快提高成绩，拟订了下面的每日学习计划：

（1）每天6：00起床，边听英语边洗漱、吃饭。

（2）到校后利用课前时间背诵语文文言文。

（3）课间8分钟做作业。

（4）每天中午背5首古诗，不午休。

（5）放学不在外逗留，抓紧时间回家，5分钟内吃完饭。

（6）6点开始做作业。

（7）8点开始复习文科

（8）10点12点复习理科。

5. 学习计划

我计划，我制订，我实施，我努力，我成功！

姓名		中考目标			月考目标		
优势科目				弱势科目			
	周一	周二	周三	周四	周五	周六	周日
自修作业							
晚上							
复习							
计划实施保障							

坚信行动的力量

【活动背景】

在前阶段时间中，初三学生们经过自己的努力，在确定自己优势和同学们的激励下，基本实现了目标。但部分学生仍然会出现有计划，没行动；有口号，没实际的现象，欠缺行动的信心和力量。本次班会活动让学生回顾以往取得的成就，体验行动带来的乐趣，感受行动的魅力，坚信行动的力量，并且在了解认识阻碍行动实施的各种因素后，及时分析自己各学科存在的不足，小组讨论对策，积极行动起来，以百倍的努力收获成功，收获喜悦。

【活动目标】

1. 知识与技能

通过活动帮助学生了解、认识阻碍行动实施的因素，寻找对策，掌握解决问题的方法技巧，提高行动力，提高完成任务的效率。

2. 过程与方法

回顾过往成功事例，感受行动带来的喜悦；参与有难度的活动，体验经过努力取得成功的成就感；小组研讨中寻找解决问题的方法。

3. 情感态度与价值观

体验行动带来的成就感和喜悦感，感受行动的力量和魅力，坚信行动的力量，培养不怕困难、积极行动的毅力和信心。

【活动对象】

初三年级学生。

【活动形式】

视频激励、活动体验、研讨探求方法。

【活动准备】

学生收集人类文明的成果图片、学习折纸花。

【活动过程】

活动环节	教师活动	学生活动	设计意图
情境融入（行动的力量）	回顾成功： 1.和学生一起回顾中段测试目标的达成。 2.播放图片，回顾初中三年的运动会入场式。	1.学生回忆中段测试前定下的班级目标。 2.学生回忆三年运动会入场式的准备和比赛时的心情。	回忆成功案例，调动学生积极参与活动的兴趣。体验成功的乐趣。
体验认识（行动的魅力）	1.人类进步成果：邀请学生展示人类进步取得的巨大成就。 2.折纸花：指导学生学习折纸花，提醒学生折纸花有一定难度。	1.学生展示收集到的人类进步取得的巨大成就，分享人类进步的成果。 2.学生在老师的引导和帮助下，学习折纸花，体会折纸花的难度。	了解人类文明进步的伟大成就；体会折纸花的难度，感受行动的魅力。
感悟升华（行动的秘诀）	1.播放《蜗牛》视频：提醒学生注意观察蜗牛爬树遇到的困难以及不放弃的毅力。 2.邀请学生分析了解阻碍行动的因素。 3.引导学生总结保证行动的秘诀。	1.学生观看视频，感受蜗牛往上爬获取成功的积极体验。 2.学生分析阻碍行动的主要因素：抵触、妥协、诱惑…… 3.小组讨论总结保证行动的秘诀：目标、信心、意志力……	感受行动带来的力量，了解行动过程中存在的阻碍因素，明白"罗马不是一天建成的"道理。
内化促行（行动的收获）	1.检查效果：指导学生搭建人椅。 2.行动起来：建议学生讨论各科学习存在的问题，商讨对策。	1.分成男、女生两组搭建人椅，讨论：信心对行动的支撑力度有多大？ 2.学生分析各科目存在的问题，商量采取何种办法提高成绩。	完成有难度的活动，检查活动效果；采取策略，行动起来，及时解决各科存在的问题。

1. 折纸花（个人行动）

将正方形的纸四角对折。然后展开，将四个点向中间折痕交点折叠。再展开将水平和垂直方向向内进行对折。将纸张按照折纸模型的痕迹向内压折，从而成为双三角形的基本折叠样式。打开一个三角形，然后向下压展平整。然后将其他几个角也向下压平整，将其底部向外打开。然后用铅笔卷边，然后就是成品了，用一根竹签从底部穿上去。

2. 搭人椅（集体行动）

操作程序：

（1）全体男生/女生围成一圈。

（2）每位学生将双手放在前面一位学生的双肩上。

（3）听从老师的指令，缓缓地坐在身后同学的大腿上。

（4）坐下后，老师再给出指令，让学生松开双手，然后躺在后面同学的身体上。

讨论：

（1）赢得胜利的信念、信心对行动的支撑力度有多大？

（2）行动是成败的关键，自己的精神状态出现变化，如何解决？在发现自己出现变化时，是否能及时加以调整？

愈战愈勇

【活动背景】

初三学生在经过一段时间的努力和拼搏后，在学习中会取得一定成绩。但部分学生会出现骄傲情绪，思想有所放松，学习有所松懈，班级会出现纪律松散，上课注意力不集中等现象。这需要我们老师感情的投入，需要老师和学生自身的激情，需要大家的共同努力。班主任应该在不同时期给出相应的指导，及不间断的鼓励和支持，使学生有源源不断的奋斗的动力。班主任要及时了解情况，发现问题，及时引导，继续加强班风、学风建设，增强集体意识，提高集体荣誉感，激励学生在现有基础上，充分认识到自身的优缺点，寻求解决的办法，教会学生要正视自身的不足，主动寻求帮助的方法，发挥优势，获取更大的进步。

【活动目标】

1. 知识与技能

通过活动帮助学生认识及时反思、总结不足的重要性，认识持续努力拼搏的重要性，提高分析、总结和表达能力，提高小组合作能力。

2. 过程与方法

通过小组互助的形式互相分析学习中存在的问题，培养小组合作的习惯。

3. 情感态度与价值观

激发学生继续努力拼搏的激情，培养学生互帮互助，共同进步的团队合作意识。

【活动对象】

初三年级学生。

【活动形式】

人物事例、小故事、小测试、视频。

【活动准备】

收集过往成绩、设计测试题目、问卷调查班级状态、收集刘翔视频和林丹照片，以及他们的成绩。

【活动过程】

活动环节	教师活动	学生活动	设计意图
情境融入（辉煌战绩）	1.Show Time：安排各小组展示本组过往成绩。 2.点赞：学生互评，表扬取得的成绩。 3.数据说话：展示课前问卷，总结班级存在的问题。	1.学生分组回忆，展示自己个人取得的成绩。 2.班长展示班集体在各项活动中取得的成绩。 3.班长汇报班级存在问题：部分学生态度消极，学习状态不佳等。	展示过往成绩，创设班会讨论氛围，激起学生参与兴趣。
体验认识（自我激励）	1.反省：取得了成绩是否满足现状？如何保持进取势头？ 2.林丹的奋斗：图片展示羽毛球运动员林丹的成绩和他的奋斗史。 3.哲理故事：人要学会让自己沸腾。	1.小组讨论，自问反省，组长汇报本组情况。 2.学生看图片分享林丹成功的要诀。 3.学生代表分享故事，小组分享听故事心得。	教会学生用心理暗示，保持每天对自己的鼓励很重要。
感悟升华（合作共赢）	1.重返巅峰：播放刘翔视频。 2.合作共赢：邀请学生完成一道很难的英语测试题。	1.学生观看视频，小组研讨回答问题：如何跑得更快更好、愈战愈勇？ 结论：要跑得更快更好，愈战愈勇，就要积极正视自身的不足并改正。 2.学生先个人解决后，小组共同讨论答案。	让学生明白要主动查找自身缺点，主动学习，才能取得进步。

续 表

活动环节	教师活动	学生活动	设计意图
内化促行（愈战愈勇）	1.主动出击：要求学生以小组为单位互相指出存在的问题。 2.激励前行：个人、小组互相激励。	1.学生针对自己的问题制定改正时间表，并且邀请同学监督帮助自己改正缺点。 2.小组设计一句话激励自己的组，每人设计一句话激励自己。	正视不足，制订计划，定期修正。

1.小哲理故事：人要学会让自己沸腾

铁匠的女儿因生活不如意，想自杀，父亲得知后并没有劝慰女儿，只是把一块烧得通红的铁块放在铁毡上狠狠地锤几下，随手放进身边的冷水里，"哧"的一声，冷水冒出缕缕白烟向空中飘散……女孩的父亲对她说："你看，水是冷的，铁却是热的，热铁遇见冷水，两者就展开较量———水想使热铁冷却，而热铁却想使水沸腾，现实也是这样，生活好似冷水，你就是热铁，如果你不想冷却，就要让水沸腾。"

人生在世，最大的敌人不是外来的而可能是我们自己，我们难以把握，因为犹豫、拖延的毛病，我们容易满足现状，因为没有更高的理想，我们不敢面对未来，因为缺乏信心，我们未能突破，因为不想突破，我们无法发挥潜能，因为不能锻炼自己……

人要学会让自己沸腾。

2.刘翔重返巅峰

2008年8月18日，刘翔在北京奥运会男子110米栏预赛中右脚跟腱伤复发，中途退出奥运会比赛。刘翔积极开展治疗。治疗时间将从2008年9月初开始，为期一年。2009年9月20日，上海国际田径黄金大奖赛上，刘翔跑出和冠军特拉梅尔同样的13秒15的成绩屈居亚军。这是刘翔在北京奥运会退赛后首次参加比赛。11月11日亚洲田径锦标赛，男子110米栏中他以13秒50顺利夺冠，实现该项目亚锦赛上的三连冠。12月11日，刘翔在香港东亚运动会上，以13秒66的成绩轻松获得第一，实现三连冠，赢得了他复出之后的第三项赛事冠军。

3. 合作共赢

小测试：英语练习，先个人解决后小组共同讨论答案。

He _____ in the morning now.

A. is used to run　　　　　　　B. is used for running

C. used to run　　　　　　　　D. is used to running

4. 主动出击，更上一层楼

	存在问题	解决办法	解决时间	帮助者
1				
2				
3				

坚持不懈，锻造顽强意志

【活动背景】

意志力是一个人为了实现预定目的，通过有意识的积极调节作用，克服内在或外在的困难，支配自己的行为的心理特征。坚强的意志力可以使我们增强抵御诱惑的控制力，也可以使我们增强克服消极情感的控制力，勇敢快乐地迎接挑战，向成功奋进。初三学生在学习备考中，由于学习难度的增加，竞争压力的增大，会出现紧张现象，部分意志力薄弱的学生甚至可能会产生胆怯、放弃的现象。班主任要设计班会，指导学生认识意志力在个人成长过程中的积极作用，培养学生的顽强意志力品质，克服困难，取得成功。

【活动目标】

1. 知识与技能

通过活动帮助学生了解、认识意志力的四种品质，了解意志力薄弱的表现，掌握锻炼意志力的小技巧。

2. 过程与方法

通过自查审视自己的意志力品质，正视自己的不足，学习榜样，激发斗志，在发现与提升意志力活动中提升品质。

3. 情感态度与价值观

通过活动培养顽强的意志力品质，提升克服紧张情绪、消除胆怯心理的信心和意志力，培养不怕苦、不怕累、敢于拼搏的良好心理品质。

【活动对象】

初三年级学生。

【活动形式】

励志人物、哲理故事、现场自查、活动展示。

【活动准备】

收集人物事迹、哲理故事，学生搜索有关形容坚强意志力的成语。

【活动过程】

活动环节	教师活动	学生活动	设计意图
情境融入（发现意志）	1.张海迪事迹介绍。问：她成功的原因是什么？ 2.没有鱼鳔的鱼。问：鲨鱼为什么成了海洋中最强大的生物？	1.学生聆听张海迪的人物事迹介绍，讨论回答问题，分析她的成就以及成功原因。 2.学生分享故事心得。	用人物事迹和动物生存事例激发学生探讨意志力的兴趣。
体验认识（认识意志）	1.意志力的四种品质：和学生一起学习了解意志力的品质。 2.介绍书本《转山》的故事大概。邀请学生判断书本主人公的意志品质。 3.探讨意志力薄弱的表现。	1.学生根据故事大概判断《转山》主人公具备哪些意志力品质。 2.学生判断自己意志力情况，认识自身的意志特点，并探讨意志力薄弱的具体表现。	判断自己在学习上的意志力情况，了解自己的意志力品质。
感悟升华（寻找意志）	1.寻找意志力：邀请各小组展示收集到的意志力成语。 2.寻找身边"最强学习意志力"的榜样。 3.锻炼意志力的小技巧。	1.学生展示在网络上搜索的有关意志力坚强的成语。 2.评选出班级中5位意志力最顽强的学生。 3.小组讨论锻炼意志力的技巧，组长汇报，班长总结汇总。	寻找身边榜样，激发学生学习榜样、提升意志品质的信心。掌握锻炼意志力小技巧。
内化促行（锻造意志）	1.提升意志力：邀请全体学生参加意志力大比拼活动，为学生加油鼓劲。 2.拟定意志力提升方案。	1.全体参加扎马步比拼，同学之间互相助威呐喊。 2.小组讨论并拟定个人学习和生活意志力提升方案。	培养持之以恒、坚持不懈的意志品质。

1. 张海迪的事迹

张海迪，中国残疾人联合会副主席，中国作家协会全国委员会委员。张海迪5岁时因患脊髓血管瘤，高位截瘫，她因此没有进过学校，童年时就开始以顽强的毅力自学知识，自学完成了从小学直到硕士研究生的全部课程，自学了英语、日语、德语和世界语，翻译了数十万字的英语小说，编著了大量书籍，并自学十几种医学专著，为群众无偿治疗达1万多人次。她先后荣获"三八红旗手""全国自强模范""世界五大杰出残疾人""环球20位最具影响世纪女性"称号。2014年10月6日当选康复国际主席。现任中国残疾人联合会主席。2016年8月，担任里约残奥会中国代表团团长。

张海迪取得的成就和原因

序号	成就	原因
1		
2		
3		

2. 没有鱼鳔的鱼

在浩瀚的海洋里，生存着数以万计的鱼类。这些鱼大多有鱼鳔，可以自由沉浮。

但是有一种鱼，它们没有鱼鳔，行动极为不便，很容易沉入海底。为了生存，它们只有不停运动。许多年后，这种鱼有了强健的体魄，成为当今海洋的霸主，它们就是海洋中最凶猛的鱼——鲨鱼。

鲨鱼，面对如此逆境，正是因为不断的努力和坚持，没有鱼鳔的鱼才成为了海洋中最强大的生物。无论何时，当觉得无力再撑不下去时，想一想鲨鱼，不要放弃努力。

3. 意志力的品质

意志力的四大品质是自觉性、果断性、坚韧性和自制性。

自觉性是指个体自觉控制和协调自己的思想、感情和行为的意志品质。

果断性是指迅速而合理地采取决断，并实现目的的品质。

坚韧性是指一个人能长期保持充沛的精力，战胜各种困难，不屈不挠地向既定的目标前进的品质。

自制性是指一种能够自觉地、灵活地控制自己的情绪和动机，约束自己的行动和语言的品质。

4.《转山》

台湾二十四岁年轻人谢旺霖，骑着自行车雪季攀行西藏两个月，他经历着孤独的肉体与心灵之旅。高原的寒冷，群山的陡峭，凶猛藏獒的夹击，加上食物中毒丧命的危险，以及自己内心的恐惧和软弱，旅途中的艰辛和困苦常人难以想象。而这个台湾的年轻人最终克服自己的脆弱，翻过了九座海拔四千米以上的大山，到达目的地拉萨，用自己的毅力完成了一千八百多千米的旅途。

5. 调查

意志品质	自觉性	果断性	坚韧性	自制性
优良意志品质				
不良意志品质				

6. 意志力薄弱的表现

品质	意志力薄弱的表现
自觉性	主观武断、固执己见、一意孤行、坚持错误
果断性	优柔寡断、当决不决、踟蹰不前、轻举妄动、草率从事
坚韧性	虎头蛇尾、半途而废、缺乏毅力、缺乏恒心、顽固执拗
自制性	鲁莽冲动、盲目任性

7. 小组意志力大比拼

第一环节：老师宣布扎马步的时间：2分钟或3分钟。全体同学在老师的指挥下，正确做动作。

第二环节：老师激励学生加油。坚持不下去的同学为继续坚持扎马步的同学加油。

第三环节：老师采访坚持到最后的学生。请学生谈谈在最困难的时候，是什么力量使他克服极限，坚持到最后的。

第四环节：小组讨论总结克服学习困难和培养学习意志力的训练方法。

8. 意志力提升方案

（1）针对自己学习上存在的意志力薄弱的表现，小组讨论并拟出一个改进的训练方案，制订计划，请家人监督指导。

存在问题	措施	完成时间
缺乏明确的学习目的		
缺乏科学的学习计划和完成计划的实践精神		
缺乏自学能力		
抗干扰能力差		
缺乏独立完成作业和创新能力		

（2）和家长共同制订一个10千米以上的暴走计划，完成活动，并写一篇心得体会，和全体同学分享。

班级精神助我成长

【活动背景】

班级文化是班级成员在学习和交往等活动过程中逐步形成和遵循的价值观念体系、行为规范准则和物化环境风貌的一种整合和结晶，它表现为一种班级综合个性。初三的班级，已初步形成自己的班级文化，同学们在进取、合作、和谐的班集体里乐于学习，乐于参加活动，乐于为班集体贡献自己的一分力。在毕业班级建构和管理中，如何发挥班级文化的教育功能、凝聚功能和激励功能，使全体学生以高昂的情绪和奋发进取的精神积极投入到学习和生活中，不但能为中考做好充分的准备，更能使班级文化滋润学生的心田，陶冶学生的情操，塑造学生的灵魂，就显得至关重要。

【活动目标】

1. 知识与技能

认识、总结本班的班级文化特色（精神文化、视觉文化、行为文化），提炼班级精神，掌握以积极乐观的态度解决学习生活问题的技巧、方法。

2. 过程与方法

情景分析帮助学生运用班级精神解决当下以及未来可能发生的问题，激发学生以高昂的情绪和奋发进取的精神积极投入到现在以及未来的学习和生活中。

3. 情感态度与价值观

体验班级精神，培养乐观进取的精神，乐于学习，乐于参加活动，乐于为班集体贡献自己一分力，培养集体主义精神。

【参加人员】

初三年级学生。

【活动形式】

情景讨论、回顾展示、感悟分享。

【活动准备】

收集初一、初二年级活动照片，学生回顾初一、初二年级学习和生活片段、A4纸。

【活动过程】

活动环节	教师活动	学生活动	设计意图
情境融入（感知精神）	1.热身游戏：人工雨。 2.回顾：展示图片回顾初一、初二的活动（精神文化、视觉文化、行为文化）。	1.学生根据老师的指令做游戏。 2.学生感受初中阶段的活动、课室布置、上过的班会课。	游戏热身，图片回顾生活片段，感受班集体的团结合作。
体验认知（提炼精神）	1.个人精神：邀请学生回顾自己初一、初二生活片段。 2.班级精神：指导学生总结班级发展过程中突显的班级精神。	1.学生回顾个人心得，感受初一、初二的美好片段，总结个人精神。 2.小组讨论，并总结班级精神特点，小组长用关键句写在黑板上，然后全体学生共同提炼班级精神。	由个人到集体，增强班级凝聚力，激发学生对班级的认同感。
感悟升华（精神导行）	班级精神助我成长：引导学生引用班级精神分析情境。 情境1：目前 情境2：高中 情境3：大学 情境4：工作	各小组对各情境案例讨论，分析情境中人物存在的问题，结合班级精神给出解决方案。	发挥班级精神的指引作用，有效解决当下以及未来可能出现的问题。
内化促行（精神促行）	空心人：指导各小组自查不足，结合班级精神提出改进措施。	1.小组开展"空心人"活动：各小组检查本组是否具备班级精神，如何将班级精神运用到初三备考中。 2.若干小组展示分析存在问题，给出修改意见。	将班级精神融入小组管理中，为实现中考目标提供保障。

1. 人工雨

在教师的指导下，全班同学用不同的身体部分或课桌分别表示"小雨、中雨、大雨、暴雨"。本活动体现班级的团体合作能力，帮助学生提高班级凝聚力。

2. 情景

（1）同桌小倩学习一直以来都很不错，但模拟考试以来，感觉自己有许多知识漏洞，不管自己如何复习，都无法达到期望的状态，很紧张，情绪波动很大，焦虑不安。

（2）上了高中后，部分同学开始放松，晚上自修不认真、玩游戏、聊天、在宿舍喝啤酒、打扑克牌，完全没有初三认真备考时的刻苦学习状态。同住一个宿舍的你，受他们影响很大，更担心这些同学会从此消沉下去。

（3）一个很要好的大学同学家境不好，学习也很刻苦，但成绩仍不突出，别人对她也是不冷不热。她感到这个世界对她太不公平；为什么别人那么有钱，那么漂亮，那么聪明？于是她有了轻生的念头，还叫你一起离开这个讨厌的世界，你是怎么做的？

（4）你大学毕业后在一家企业上班，在自己一番努力下，取得了一定的成绩，受到主管的表扬，工作能力得到多数同事的认可。在接手一个大项目后，同部门的某个同事经常不配合自己的工作，还故意拖慢进度，工作进展缓慢。你心里很急，怎么办？

3. 空心人

在一张空白纸上画一个大大的空心人，小组讨论后，将小组已具有的精神写在空心人中间，不具备的精神写在空心人外面。

减压，加油

【活动背景】

心理压力是一种个人主观的感觉，即个人在面对困难时，一时无法消除困难的一种被压迫的感觉。对即将参加中考的学生来说，学习压力是一个很普遍的现象，几乎每位学生都会或多或少地感觉到一些来自学习方面的压力。尤其当中考已进入倒计时，大部分学生将进入心理高原期，苦闷、焦虑、急躁，学习效率不高、情绪不稳定等。此时，有必要提供机会让学生吐露自己的内心苦恼、宣泄自己的情绪、释放自己的压力。本课通过测试、举例、活动体验等方法，分析当前学生所感受压力的状况以及压力的来源，引导学生学习必要的心理学知识和缓解压力的方法，使学生能够掌握一些自我调压的技能，用一颗平常心，坦然地迎接中考。

【活动目标】

1. 知识与技能

了解认识压力的积极作用和负面作用，探讨缓解压力的方法，提高自我调压的能力。

2. 过程与方法

活动中宣泄自己的情绪，小组研讨探寻缓解压力的方法和技巧，安排每天的减压方式，释放压力。

3. 情感态度与价值观

体验感受缓解压力带来的愉悦和轻松，树立自强进取的信念和信心，培养乐观进取的生活态度和进取精神。

【活动对象】

初三年级学生。

【活动形式】

活动讨论、现场试验、感悟分享。

【活动准备】

学生课前查阅压力的相关资料、气球、橡皮筋。

【活动过程】

活动环节	教师活动	学生活动	设计意图
情境融入 （测压）	1.情境分析：邀请学生分析情境中学生考试屡次失败的原因。 2.了解心理压力：邀请各组讲述自己的见解。	1.学生根据情境中反映的现象进行讨论，分析小庄同学成绩不升反而下降的原因。 2.学生根据查阅的资料，结合自己的感受讲述对压力的见解。	分析现象，了解压力的定义。
体验认知 （试压）	1.挤压气球：邀请学生现场展示。 2.讨论分享：引导学生结合试验进行讨论、思考问题。	1.学生代表现场试验，其他学生观察。 2.小组讨论：没有压力与压力过大会产生什么结果？	了解认识压力的积极作用和负面作用。
感悟升华 （释压）	1.试一试：分发橡皮筋给学生，要求两个学生一起参与游戏。提醒学生注意安全。 2.说一说：引导学生分享活动感悟。	1.同桌两个人往相反方向同时拉动一根橡皮筋，注意保护好自己，避免被拉断的橡皮筋弹伤。 2.学生结合活动感受分享心得。	感受高压力下带来的紧张感和压迫感。
内化促行 （解压）	1.压力山大：邀请学生讲述自己目前所承受的压力。 2.释放压力：让学生小组内探讨缓解压力的方法。 3.建议班长每天下午放学前带领同学减压。	1.学生个人分享自己目前感受到的压力。 2.小组探讨：如何缓解压力？组长收集减压的小窍门，总结汇报，供全班同学参考。 3.全体学生确定周一到周五下午放学前减压的方式：唱歌、大笑、拥抱、跳舞、听音乐……	宣泄情绪，获取缓解压力的方法，减压继续前行。

1. 情景

初三学生小庄给自己定下了一个很高的中考目标后，每天都给自己增加练习题量，课余时间都会去找科任老师问不懂的内容；每科的测试都要了解其他同学的分数，担心自己给落下很多；平时也不跟同学交流，回到家吃完饭后马上做练习，从不浪费任何一点学习的时间。一段时间后，他的成绩不升反而有所下降。

2. 心理压力

心理压力是个体在生活适应过程中的一种身心紧张状态，源于环境要求与自身应对能力不平衡；这种紧张状态倾向于通过非特异的心理和生理反应表现出来。

3. 试验

（1）往气球里吹起，直至气球膨胀起来，邀请学生用手的力量改变气球的形状，椭圆形、扁圆形、拉长等。

（2）邀请两个学生同时用力挤压气球，直至气球破裂。

启示：没有压力就没有了改变的可能；压力过大往往就会产生破坏力，导致严重的结果。

下一站，成功

【活动背景】

中考备战冲刺阶段是每位初三学生成功与否的关键期。在这个过程中，他们活力四射，激情洋溢，但也会迷茫和彷徨；他们憧憬未来、斗志昂扬，但也会苦闷和无奈，如何引导他们在这一关键时期拉紧梦想之帆，点燃心中激情，让青春之船行得更快、走得更远就显得尤为重要了。班主任要及时了解班级情况，设计班会课，通过活动帮助学生了解影响成功的关键要素，分析自己目前实际情况，提高专注度，提高重视程度，端正心态，调整好状态，提高学习效率和质量，提高信心，保证在关键时刻能把握住机会，以积极的、投入的、最佳的状态迎接人生第一考。

【活动目标】

1. 知识与技能

了解成功所需要的要素，认识到坚持是通往成功的关键，提高自我控制、自我反思能力。

2. 过程与方法

在活动中获取成功的体验，在演讲中激发向往成功的意愿。

3. 情感态度与价值观

产生积极的情感体验，感受成功带来的喜悦，培养积极向上、敢于超越自我的心态，培养乐观进取的精神。

【活动对象】

初三年级学生。

【活动形式】

活动体验、感悟分享、演讲。

【活动准备】

编辑小视频、设计活动、鸡蛋、学生课前收集成功的有关资料。

【活动过程】

活动环节	教师活动	学生活动	设计意图
情境融入 （成与败）	1.抓手指游戏：介绍热身小游戏的规则，引导学生分享游戏体会。 2.成功的定义：指导学生讲述自己理解的成功的含义。	1.学生参与小游戏，分享游戏体会：成功抓到别人手指是什么滋味？你成功的秘诀是什么？你失败的原因是什么？ 2.学生结合自己的观察和了解讲述自己对成功的定义，并分享一些有关成功的谚语或名人名语。	初步感受成功和失败的滋味，了解成功的定义。
体验认知 （体验成功）	1.播放小视频：《林义杰24小时马拉松》并引导学生思考问题。 2.竖鸡蛋：讲解活动规则，提醒学生参与活动时考虑获取成功的要素。	1.学生思考问题：视频中林义杰在比赛中受到哪些干扰？他是如何坚持到最后的？ 2.分组选派一名学生参与活动，其他成员可以给其提供意见，活动后分享感受。	体会取得成功的困难，体验成功的喜悦。
感悟升华 （成功要素）	1.分享小故事：《再撑一百步》。 2.探讨：指导各小组一起探讨成功需要具备的要素以及自己需要完善的地方。	1.聆听小故事。分享与讨论：从这个故事中，你得到什么启发？ 2.小组结合自己观察了解的情况探讨获取成功需要具备的要素。互相指出需要完善的地方。	探讨获取成功的要素，反思不足之处。
内化促行 （成功之路）	1."走向成功"：邀请各小组开展演讲活动。 2."成功"行动卡：指导学生填写行动卡，邀请学生分享。	1.各小组结合成功各要素，组织小组成员共同参加演讲活动。 2.学生结合自己的备考状态，填写行动卡并展示。	激发学生向往成功的热情，完善备考中的不足，提高成功率。

1. 抓手指

把双手展开，五指伸直，右手掌心向下，左手伸出食指顶在左边同学的右手掌下。在听到"成功"的时候，迅速用右手掌抓住右边同学的食指，而自己左手的食指要迅速逃脱。

2. 成功

指达到或实现某种价值尺度的重要事情或重大事件，从而获得预期结果叫作成功。成功包括精神与物质两方面。

3. 竖鸡蛋

每组发放4个鸡蛋，在5分钟内，学生要尽可能多地找到把鸡蛋竖起来的方法，展示方法并说明方法带给我们的启示。

4. 小故事《再撑一百步》

美国华盛顿山的一块岩石上，立了一个标牌，告诉后来的登山者，那里曾经是一个女登山者死去的地方。她当时正在寻觅的庇护所"登山小屋"只距她一百步而已，如果她能多撑一百步，她就能活下去。

5. "下一站，成功"行动卡

"下一站，成功"行动卡

我已经明确了我的目标是＿＿＿＿＿＿＿＿＿＿＿。目前，左右我的信念，影响我前进步伐的事情是：＿＿＿＿＿＿＿＿＿＿＿＿＿＿＿

＿＿＿＿＿＿＿＿＿＿＿＿。所以，我决定，在＿＿＿＿＿＿＿（时间）前，我必须要做到：

＿＿＿＿＿＿＿＿＿＿＿＿＿＿＿＿＿＿＿＿＿

为了见证我的决心，我邀请＿＿＿＿＿＿提醒我将行动进行到底。

自我激励的做法：＿＿＿＿＿＿＿＿＿＿＿＿＿＿＿

朋友激励的话：＿＿＿＿＿＿＿＿＿＿＿＿＿＿＿＿

行动人：＿＿＿＿＿＿＿＿＿

＿＿＿＿年＿＿＿月＿＿＿日